CB078137

CRESCER EM COMUNHÃO

CATEQUESE DE PERSEVERANÇA COM ADOLESCENTES

Livro do catequizando

Francine Porfirio Ortiz

Maria do Carmo Ezequiel Rollemberg

EDITORA VOZES

Petrópolis

© 2016, Editora Vozes Ltda.
Rua Frei Luís, 100
25689-900 Petrópolis, RJ
www.vozes.com.br
Brasil

12ª reimpressão, 2025.

Revisão: Ana Carolina Rollemberg
Ilustração: Daniel de Souza Gomes
Projeto gráfico, editoração e capa: Ana Maria Oleniki

ISBN 978-85-326-5196-9

Este livro foi composto e impresso pela Editora Vozes Ltda.

Sumário

Apresentação

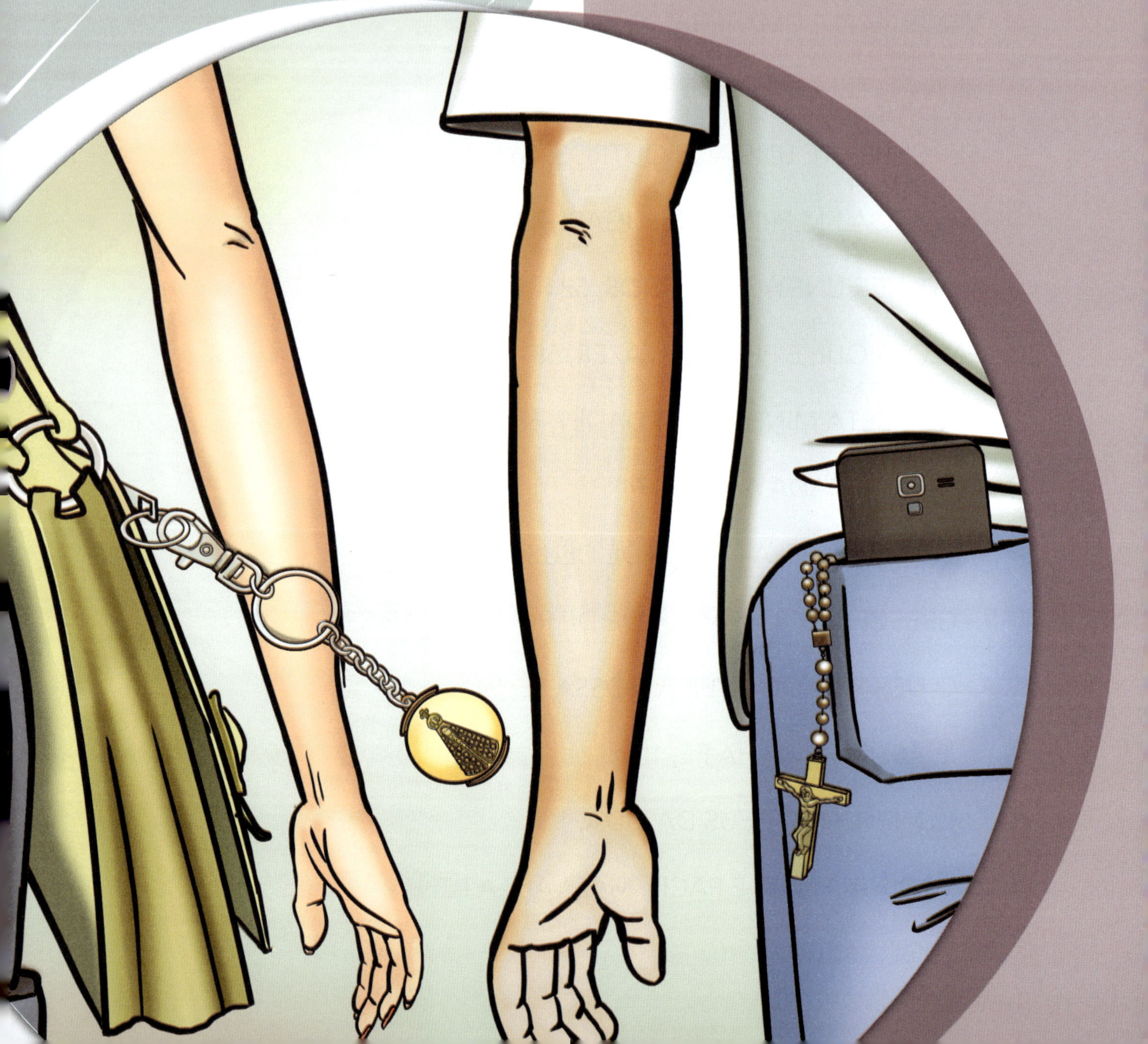

Queridos catequizandos adolescentes,

Prezados pais e familiares,

Estimados catequistas,

Chegou a hora de retornarmos ao caminho. Podemos dizer que foi um longo percurso, marcado por muitas reuniões de estudos, de reflexões e de orações. Foi justamente este o ritmo daqueles que se empenharam em preparar estes livros de catequese que fazem parte da Coleção "Crescer em Comunhão". São páginas portadoras de preciosos conteúdos, expostos com cuidados didáticos e com muita sensibilidade pedagógica.

Podemos dizer que esse trabalho foi feito com muita dedicação e com os olhos fixos em vocês, queridos catequizandos adolescentes, e em tudo que lhes diz respeito: sua idade, seus interesses, suas necessidades. Também vocês, catequistas, que assumem a tarefa de animar os grupos de adolescentes, suas experiências e o anseio de fazer ecoar e ressoar a Palavra de Deus foram sempre lembrados.

A vocês, prezados pais e familiares, recordo-lhes que, em catequese, nada é tão decisivo quanto seu interesse e participação. Seu testemunho de fé e seu entusiasmo pela formação catequética de seus filhos farão com que eles percebam a grandeza do que lhes é oferecido e ensinado.

Agora, pronta a obra, é chegada a hora de entregá-la aos interlocutores. É um bom instrumento, de muita utilidade. Mas a experiência de fé vem de outra fonte, do encontro com Jesus Cristo. Por Ele vale a pena oferecer o melhor para, juntos, crescermos em comunhão.

D. José Antônio Peruzzo

Arcebispo da Arquidiocese de Curitiba

Responsável pela Animação Bíblico-Catequética no Regional Sul 2 - CNBB

Aos adolescentes,

uma palavra

Ser cristão é escolher agir como Jesus ensina, refletindo sobre nossas decisões e colaborando para tornar o mundo um lugar de respeito, solidariedade e justiça uns com os outros. Esse livro traz diferentes temas pensados para vocês, queridos adolescentes, com o objetivo de ajudá-los a expressar, com suas atitudes e palavras, o seu compromisso com Deus.

À luz da Palavra de Deus, vamos refletir juntos sobre a amizade, a justiça, a comunidade, o amor ao próximo, o respeito, a responsabilidade social e tantos outros temas que fazem parte do seu universo!

Com este livro queremos colaborar para o seu amadurecimento como adolescentes cristãos e membros da comunidade de fé. Vocês são convidados a participar de diferentes reflexões e atividades para fortalecer a sua identidade como discípulos seguidores de Jesus Cristo.

Parabéns por decidirem pertencer a esse Grupo de Perseverança, pois nele vamos viver juntos diferentes experiências para que o seu caminho como cristãos seja trilhado sem desistirem ou desanimarem! Vamos em frente, na companhia de Jesus, construir uma vida feliz segundo o que Ele ensina.

Com carinho,
as autoras

shutterstock

Esse grupo do qual você faz parte é seu ***Grupo de Perseverança***.

Nele você vai ouvir e perceber como praticar a Palavra de Deus em sua vida. A reflexão e a prática da Palavra, a oração e a experiência de comunidade vão ajudá-lo a aproximar-se sempre mais de Jesus.

Esse grupo será um lugar de crescimento da fé, de partilha de experiências, de ajuda mútua. É nessa pequena comunidade que vocês continuarão juntos no caminho para tornarem-se discípulos de Jesus Cristo!

1 ESTAMOS NO CAMINHO

Olhando para o que acontece à nossa volta, não é difícil perceber que algumas pessoas são atraídas pela roupa, filme, livro, jogo, artista ou tecnologia do momento. Interessadas apenas pelo que é do momento, elas podem perder a chance de interagir com os amigos, conhecer lugares agradáveis ou aproveitar bons momentos de lazer.

shutterstock

shutterstock

O que você pensa sobre as situações apresentadas nestas imagens? Você se reconhece em alguma delas?

shutterstock

shutterstock

O que impede você de perceber o que acontece à sua volta? Não poder ter acesso à internet incomoda você a ponto de não conseguir aproveitar os lugares e a companhia das pessoas?

E como você escolhe um presente para uma pessoa de quem você gosta muito? Pensa em algo que tenha a ver com a pessoa ou que possa ajudá-la, ou prefere aquilo que quase todos têm? Ou escolhe algo que expresse o que você sente pela pessoa?

VAMOS CONVERSAR sobre como podemos não nos deixar levar pela era do momento.

Aproveitar a companhia dos amigos e da família, curtir os lugares, ter interesse pelo que está ao nosso redor, escolher um presente que tenha tudo a ver com a pessoa que irá recebê-lo são exemplos de situações que mostram ser possível não ficar preso àquilo que é "do momento". Isso exige de nós fazer escolhas.

Você conhece Malala? Leia o texto para descobrir quem é e quais as suas escolhas.

Perseverar é...

Malala Yousafzai nasceu em Mingora, no Paquistão, no ano de 1997. Desde muito nova lidou com as diferenças de tratamento e possibilidades impostas a homens e mulheres. Os meninos podiam fazer o que quisessem e buscar educação e sucesso profissional. Já as meninas deveriam preocupar-se apenas com os afazeres domésticos e torcer por um bom casamento. Malala, porém, era incentivada por seu pai, professor e dono de uma escola, a estudar e sonhar em ser algo mais do que esposa e mãe.

Após a chegada do Talibã à região onde Malala vivia, novas leis foram impostas e quem as desobedecesse era punido com açoitamento público ou, até mesmo, com a morte. As meninas foram proibidas de frequentar as escolas e as mulheres só podiam sair de casa acompanhadas por um homem da família. Mas Ziauddin, pai de Malala, sem aceitar essas condições, continuou incentivando a educação de meninas.

Malala, seguindo o exemplo de seu pai, passou a lutar por seus direitos e a participar de palestras para meninas sobre a importância da escola e o valor do ensino. Com apenas onze anos de idade, participou de um documentário para um jornal norte-americano relatando o período em que teve que abandonar os estudos devido aos bombardeios que repetidamente atingiam sua cidade. Nessa mesma época, Malala também escrevia sob um pseudônimo para um blog de uma rede de televisão inglesa, contando sua vida sob o regime do Talibã e expressando seu ponto de vista sobre educação para mulheres.

Malala lutou pelo seu direito à educação e recusou-se a permanecer em silêncio. Por causa da sua coragem, em outubro de 2012, ela foi atingida na cabeça por um tiro à queima-roupa disparado por talibãs dentro do ônibus no qual voltava da escola. Ela foi enviada para um hospital na Inglaterra para receber tratamento e poucos acreditavam que sobreviveria. Recuperada, Malala fez seu primeiro pronunciamento público em julho de 2013, nove meses após o ataque, na Assembleia de Jovens da ONU. "Eles pensaram que a bala iria nos silenciar, mas eles falharam", disse em um discurso no qual pediu mais esforços globais para permitir que as crianças tenham acesso à escola. "Nossos livros e nossos lápis são nossas melhores armas", disse Malala. "Os terroristas pensaram que eles mudariam meus objetivos e interromperiam minhas ambições, mas nada mudou na vida, com exceção disto: fraqueza, medo e falta de esperança morreram. Força, coragem e fervor nasceram", completou.

Em 2014, aos 17 anos, Malala se tornou a mais jovem ganhadora do Prêmio Nobel da Paz em 112 anos de história da premiação. Ao receber o prêmio, ela afirmou: "Por meio da minha história quero dizer que todos sigam o que querem ser, falem alto para que todos ouçam, que lutem pelos seus direitos".

Adaptação do texto Malala Yousafzai: Biografia. Disponível em: <http://www.ikmr.org.br/malala-yousafzai-biografia/> Acesso em: 31 mai. 2015.

?

O que mais despertou seu interesse na história da Malala?

Neste quadro, à esquerda são apresentados alguns aspectos dessa história e à direita estão questões a eles relacionadas; forme dupla com um colega e converse sobre essas questões.

Malala...	*Você...*
Foi incentivada a estudar e a sonhar com uma vida diferente daquela a que as mulheres eram submetidas.	Quem é seu maior incentivador? Como você reage ao ser incentivado? Você leva a sério os conselhos de seus pais?
Luta por seus direitos e das meninas em geral.	O que considera seu direito? Como pode lutar por ele? Quando pensa em seus direitos, pensa também nos direitos das outras pessoas? Seus direitos estão relacionados à construção de uma vida segura e feliz para você e para os seus?
Tem opinião sobre as coisas.	Sua opinião sobre as coisas está baseada só em comentários que ouve ou procura conhecer mais sobre o que o ouve? Você procura conhecer melhor fatos e situações antes de opinar ou o faz sem se preocupar em entender o que realmente acontece no mundo?
"Nossos livros e nossos lápis são nossas melhores armas."	Como usa os livros para construir sua visão de mundo e sua opinião?
"Pensaram que eles mudariam meus objetivos e interromperiam minhas ambições...". "Força, coragem e fervor nasceram."	Quando alguém desacredita de seus objetivos você desiste? Por quê? Você se sente com força e coragem para lidar com as dificuldades? Como usa sua força para alcançar seus objetivos?
"Fraqueza, medo e falta de esperança morreram."	Para você, o que é fraqueza? Você tem medo? De quê? O que é, para você, ter esperança?

Diante das dificuldades, Malala não recuou nem desistiu. Ela não teve medo e seguiu determinada em sua luta por seus direitos e descobriu, na prática, a perseverança.

E o que é ser perseverante?

No dicionário encontramos:

Perseverar: 1. Continuar, persistir em uma opinião, em um costume que seja bom. 2. Conservar-se firme, constante (em um sentimento, em uma resolução).

Dicionário Online Priberam. Disponível em: <http://www.priberam.pt/dlpo/perseverar> Acesso em: 20 mai. 2015

Bora PENSAR

Converse com seu grupo sobre o que, para você, é perseverança. Comente sobre alguém que você considera perseverante e por que o considera assim.

Você deve estar se perguntando: *para que um grupo de perseverança?*

O caminho do cristão tem algumas marcas fortes, como a celebração da Eucaristia que você já vivencia. Para permanecer nesse caminho, é preciso perseverança, porque Jesus não é um cara da "era do momento", e a nossa fé também não deve ser passageira. Perseverar na fé é conservar-se firme na decisão de tornar-se discípulo de Jesus Cristo, enfrentando os obstáculos e celebrando as conquistas. Nesse caminho podem nos ajudar:

- A Palavra de Deus, que indica o caminho seguro a seguir (cf. Ef 4,14).
- A comunidade, a comunhão (*comum união*), que são incentivo e sustento na caminhada (cf. Ef 4,1-6).
- A oração, que nos aproxima sempre mais de Jesus (cf. Rm 12,12).
- Os encontros com os colegas, que são momentos em que podemos refletir sobre questões de fé e de vida.

shutterstock

O que vamos fazer nesse grupo de perseverança?

Esse grupo do qual você faz parte é seu *Grupo de Perseverança.* Nele você vai participar de dinâmicas, ouvir e refletir sobre a Palavra de Deus, rezar. A reflexão, a oração e a experiência de comunidade irão ajudá-lo a aproximar-se sempre mais de Jesus, a sentir segurança e coragem diante das situações do cotidiano. Esse grupo será um lugar de crescimento pessoal, de amadurecimento da fé, de partilha de experiências, de ajuda mútua. É nessa pequena comunidade que vocês continuarão juntos no caminho para tornarem-se discípulos de Jesus Cristo!

LIGADOS na Palavra

Proclamação da Palavra – Tg 1,22-25.

shutterstock

São Tiago nos convida a escutar e a praticar o que Deus nos fala, suas propostas para nós e para o mundo. Perseverar na Palavra de Deus, portanto, significa deixá-la nos transformar, mudando o que for necessário naquilo que pensamos, fazemos e dizemos, e ajudando-nos a melhorar como pessoas e a cultivar bons sentimentos e atitudes.

Escolha um versículo do texto bíblico, leia em silêncio e pense sobre seu significado. Em seguida, escreva duas palavras que representam seu sentimento em relação ao versículo escolhido.

“ ”

“ ”

Somos chamados a ir além de apenas ouvir a Palavra de Deus. Se não formos apenas ouvintes, o que ela faz em nossa vida? Partilhe com o grupo o que você pensa sobre isso.

Ouvir e praticar a Palavra de Deus é torná-la viva em nós. Isso significa não nos tornarmos pessoas que agem apenas por obrigação ou por tradição. Se realmente queremos ser discípulos seguidores de Jesus Cristo, precisamos perseverar nos seus ensinamentos. Para isso, não é necessário pensar em grandes coisas, basta valorizar cada momento da nossa vida cristã.

Escreva uma situação que mostre sua vontade de perseverar na Palavra de Deus.

Colocando em prática o que São Tiago ensina, talvez você seja chamado de esquisito ou tolo. Isso pode acontecer porque ajudar um desconhecido, ser gentil, perdoar ou não fazer julgamentos precipitados são comportamentos inesperados. Seguir os ensinamentos de Jesus é amar as pessoas e tratá-las com justiça, e nem sempre isso é compreendido.

Sabe o que Jesus disse sobre isso?

"Felizes são os que ouvem a palavra de Deus e a põem em prática." (Lc 11,28)

É claro que você quer ser feliz! O que faz pensando em sua felicidade?

"...este será feliz naquilo que faz." (Tg 1,25)

Todos nós temos necessidade de perseverar para alcançar nossos objetivos. Também em nossa relação com Jesus é preciso perseverança, principalmente quando pessoas e situações podem nos afastar dele.

E como perseverar? Podemos pedir a Deus, porque Ele é o Deus que provê a perseverança (cf. Rm 15,5) e podemos buscar na Bíblia bons exemplos de quem soube perseverar. E devemos olhar para o jeito de ser e de agir de Jesus, que, sustentado pela oração e olhando além das dificuldades, foi perseverante. Rezando ao Pai e sentindo alegria por ajudar toda a humanidade a se reconciliar com Ele, Jesus ganhava forças para perseverar.

E em nosso Grupo de Perseverança? Como vai ser?

Vamos agora viver um importante momento: juntos, iremos definir quais são as atitudes mais importantes para fazer do *Grupo de Perseverança* um espaço agradável, de respeito mútuo e de experiência de comunidade. Esse será o nosso **contrato de convivência**, com atitudes que precisam ir além desse momento e ser vividas em todos os nossos encontros!

Senhor, escuta a minha voz!

A oração que agrada o Senhor vem do coração perseverante, que não se cansa de rezar e permanece firme nos propósitos de Deus. Rezemos juntos:

Senhor Deus, nosso Pai, começo uma nova etapa da minha caminhada para ser discípulo de vosso Filho Jesus.

Quero agradecer tudo o que fazeis em minha vida, porque sei que estais sempre cuidando de mim.

Obrigado por minha família e por todas as pessoas que eu amo. Obrigado pelos amigos que estarão comigo nesse grupo.

Eu vos peço, Senhor: dai a cada um de nós a graça da perseverança em todos os momentos, principalmente diante da tentação de nos afastarmos do vosso caminho. Jesus, vosso Filho, prometeu estar sempre conosco. Que Ele seja nosso companheiro nesse grupo, nosso modelo e nosso guia. Amém.

Anotações

Todos nós precisamos ter amigos que nos acolham e nos amem com nossas qualidades e nossos defeitos, e diante de quem possamos nos mostrar tal como realmente somos em todos os momentos.

2 VOCÊ NÃO É UMA ILHA

Cada pessoa é única, porque Deus lhe deu dons e capacidades que nenhuma outra tem. Mas cada um de nós precisa dos outros para ser feliz, porque com eles crescemos como pessoas e aprendemos a amar e a compartilhar momentos especiais.

Bora PENSAR

Você já deve ter ouvido alguém dizer que "ninguém é uma ilha". Essa expressão do poeta inglês John Donne, que viveu no século XVI, quer nos lembrar de que o ser humano não nasceu para ficar sozinho. Na verdade, desde que nascemos temos necessidade de nos relacionar com outras pessoas e essa rede de relacionamentos se amplia à medida que crescemos: família, vizinhos, colegas da escola e das atividades das quais participamos... Na convivência com tantas pessoas, aprendemos e amadurecemos.

Algumas pessoas ocupam um lugar especial em nossa vida: estas são as que chamamos de amigos. Há amizades que permanecem conosco desde a infância, outras são construídas em determinadas situações ou épocas. O que realmente importa é que gostamos de estar e de conversar com nossos amigos e com eles compartilhamos alegrias, decepções, sonhos, novidades.

shutterstock.

A amizade que une duas pessoas envolve admiração, liberdade, respeito, confiança, fidelidade e diálogo.

- Para você, quais qualidades são importantes em um amigo?
- O que é um bom amigo, um amigo verdadeiro?

LIGADOS na Palavra

Proclamação da Palavra – Jo 11,7-45.

Deus procura a amizade dos homens. Na descrição da criação do mundo (Gn 3) vemos como Deus era amigo do homem. A insistência com que Abraão fala, intercedendo pelo povo de Sodoma e Gomorra (Gn 18,20-33), mostra que Deus dialoga e se deixa questionar: coisa de amigo! E o que dizer de Jesus que, com suas atitudes, mostra o jeito amigo de Deus?

No texto do evangelista João nós encontramos atitudes de amigos verdadeiros:

Jesus muda seu caminho e volta à Judeia, onde era perseguido, para estar junto de seus amigos (Jo 11,7); Ele chora e, mais adiante, age (Jo 11,38-45).

As duas irmãs dizem a Jesus: "Senhor, se tivesses estado aqui, meu irmão não teria morrido. Ele chora com o sofrimento delas pela morte de Lázaro" (Jo 11,35).

As irmãs reclamam com naturalidade por Jesus não estar presente quando o irmão delas morreu.

Que características você percebe nessa amizade entre Jesus e os três irmãos?

E você? Será que o modelo de amizade que Jesus nos deu é, também, o que você vive nos seus relacionamentos?

Vamos construir a sua **carteira de identidade da amizade** e descobrir!

Faça assim:

1. No espaço indicado aqui no livro, escreva seu nome e, abaixo dele, desenhe o seu rosto, como em uma foto 3x4.
2. Cole, desenhe ou descreva cenas que representem como é o seu jeito de ser amigo.
3. Participe da conversa orientada por seu catequista e partilhe com o grupo a sua carteira de identidade da amizade.

Há outros textos na Bíblia que mostram o interesse de Jesus por esses amigos, como gosta de estar com eles (cf. Lc 10,38-42; Jo 12,1-8) e como demonstra seu cuidado. A amizade entre Jesus e os três irmãos ensina que todos nós precisamos ter amigos que nos acolham e nos amem com nossas qualidades e nossos defeitos, e diante de quem possamos nos mostrar tal como realmente somos em todos os momentos. Amigos em quem confiamos e com quem podemos compartilhar nossos segredos.

Senhor, escuta a minha voz!

Pense em seus amigos mais queridos e faça uma prece para que você seja um bom amigo para eles e para que eles também sejam seus verdadeiros amigos. Em sua oração, lembre-se, também, daquelas pessoas que você já teve como amigos e das quais se afastou.

E aí, qual é?

Jesus teve bons amigos e com eles conviveu, compartilhou sentimentos e ideias, alegrias e cansaços, refeições e momentos de oração. Ele cuidou dos seus amigos, foi fiel em sua amizade e os conduziu para o verdadeiro amor aos homens e a Deus.

É assim também que Jesus nos trata: Ele cuida de nós, sente nossas alegrias e nossas tristezas e quer que nos aproximemos do Pai. Ele disse que somos seus amigos ao fazermos o que nos ensina: "amai-vos uns aos outros como eu vos amei" (Jo 15,12). E Ele ensina como é uma amizade verdadeira: o bom amigo é aquele que tem como interesse o bem do outro.

"...levantou-se imediatamente e foi ao encontro de Jesus."

(cf. Jo 11,29)

Nos dias de hoje, também temos as amizades virtuais. Mas, será que somos bons amigos virtuais? É difícil saber como realmente se sente um amigo virtual, porque quando estamos online geralmente não nos dedicamos a conversar apenas com uma pessoa.

Como realmente ouvir os sentimentos de um amigo conectados ao Twitter, Facebook, Instagram e outras redes sociais ao mesmo tempo? Quantas vezes você já parou de navegar na internet para se concentrar apenas em uma conversa com um único amigo virtual? E quantas vezes você se sentiu realmente valorizado por ele?

Será que a amizade presencial é mais verdadeira do que a amizade virtual? Vamos debater sobre isso! Com tranquilidade e respeitando os colegas, siga as orientações:

shutterstock

Forme uma dupla com um colega do grupo e faça o debate: um de vocês irá defender que a amizade só pode ser verdadeira e ter qualidade quando presencial; o outro irá argumentar que uma amizade virtual pode, também, ser verdadeira. Anote as principais conclusões da sua dupla para compartilhar no grupo.

Você se lembra das características da amizade de Jesus pelos três irmãos que você identificou no texto do Evangelho segundo Lucas 10,38-42?

Agora, a partir das conclusões das duplas nos debates feitos, pense, converse com seu grupo e escreva: quais dessas características não podem ser esquecidas para você poder viver uma amizade virtual ou presencial inspirada nos valores ensinados por Jesus?

Algumas músicas foram inspiradas nas experiências de amizade dos compositores.

Que tal você escrever um poema ou adaptar a letra de uma música sobre a amizade, dedicando-a ao seu melhor amigo(a)?

CRISTÃO de *Prática*

Ser cristão exige de cada pessoa um compromisso radical com o Reino de Deus, feito de gestos concretos e renovado todos os dias. Comprometidos, somos mais sensíveis diante do outro, mais fortes para testemunhar Jesus e mais firmes na fé.

Durante essa semana, compartilhe com seu melhor amigo ou alguém próximo o que aprendeu nesse encontro sobre a amizade verdadeira, mostrando que entendeu o que é ser amigo como Jesus.

Anotações

shutterstock

Nas pequenas comunidades, seus membros, mesmo sendo pessoas diferentes, conseguem se unir para concretizar um objetivo comum. Assim, surgem jogos entre times de vôlei ou de futebol, organizam-se corridas ou passeios ciclísticos e formam-se bandas.

3 SE NÃO TEM UNIDADE, FALTA AMOR

Muitas pessoas se reúnem, formando grupos, por dividirem interesses em comum. Cada grupo possui características que o identificam e o diferenciam de outros. Existe o grupo do vôlei, do skate, do futebol, da bicicleta, da corrida, do videogame, do cinema, da música, e muitos mais.

Bora PENSAR

Você participa de algum grupo? Qual? Quais são os interesses comuns? Quais as características que o identificam? Há dificuldades nesse grupo?

↘ Grupos constituem pequenas comunidades porque seus membros, mesmo sendo pessoas diferentes, conseguem se unir para concretizar um objetivo que é do interesse de todos. Assim, surgem jogos entre times de vôlei ou de futebol, organizam-se corridas ou passeios ciclísticos e formam-se bandas.

Falando em comunidades, não podemos esquecer a comunidade de fé, formada pelas pessoas que têm no amor a Jesus uma característica que as unem.

E a sua comunidade de fé, como é? O que você conhece sobre ela?

Sua comunidade se reúne para realizar ações com objetivos em comum? Desenhe um exemplo.

shutterstock

Na comunidade de fé, as pessoas dividem a esperança por um mundo melhor, mais parecido com aquele anunciado por Jesus, e se identificam com os valores que protegem a vida de todos, com seus direitos e deveres, e a natureza, como expressão do amor de Deus para com a humanidade. Seguindo o exemplo de Jesus, essas pessoas procuram realizar a vontade de Deus. O primeiro passo é viver na unidade, construindo relacionamentos de amor fraterno e respeitando as diferenças.

LIGADOS na Palavra

Unidade é aquilo que não pode ser dividido nem separado em suas partes sem deixar de existir. Duas ou mais pessoas com um mesmo sentimento, uma mesma intenção ou um mesmo propósito formam uma unidade. Assim, um time de futebol, um casal ou uma banda constituem uma unidade.

Proclamação da Palavra – Jo 17,6-26.

Jesus reza em favor de seus discípulos de qualquer época e pede a unidade entre todos os que nele acreditam. Essa unidade é imagem da unidade divina – Pai e Filho e Espírito Santo.

Nós, cristãos, formamos a comunidade dos discípulos de Jesus e Ele quer a unidade entre nós (Jo 17,11).

Responda a pergunta escrevendo no desenho atitudes, sentimentos e pensamentos que sustentam a nossa comunidade.

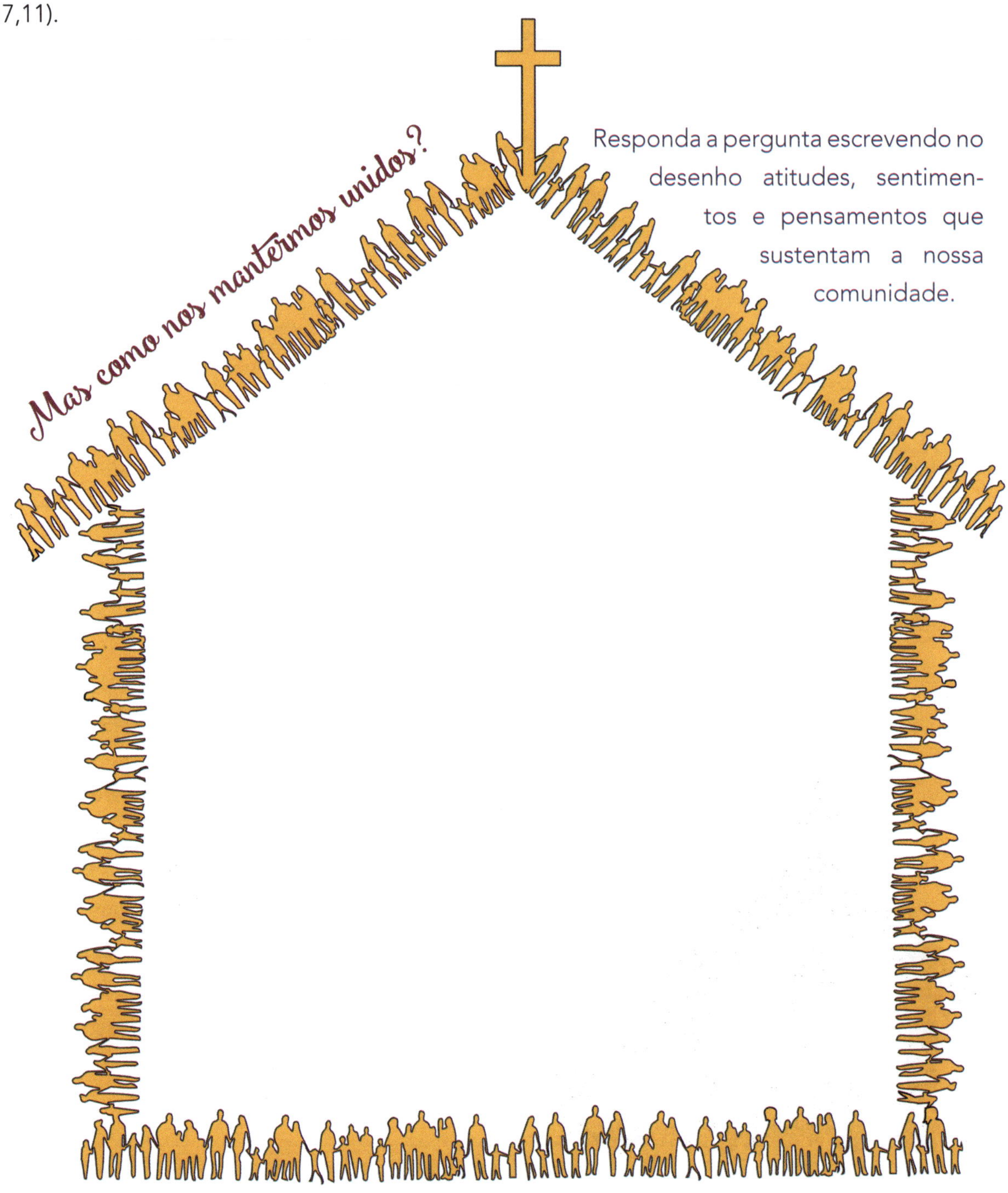

Jesus quer que sejamos unidos porque só assim poderemos continuar com sucesso a missão que Ele nos deixou: ir por todo o mundo, anunciando o seu Evangelho, testemunhando seu Nome e fazendo discípulos seus.

Você também pode continuar a missão de Jesus testemunhando seus ensinamentos em sua família, seu grupo de amigos ou sua escola.

Como você pode fazer isso?

"...a fim de que sejam um, como nós somos um." (cf. Jo 17,22)

Bora RECORDAR

Os primeiros cristãos levavam muito a sério as palavras de Jesus Cristo: "Nisto conhecerão todos que sois meus discípulos: se vos amardes uns aos outros" (Jo 13,35).

O Livro dos Atos dos Apóstolos nos descreve como eram as comunidades cristãs que se formavam.

Vamos ler At 2,42-47 para descobrir como era a vida nessas comunidades.

A partir da leitura desse texto, podemos perceber que as verdadeiras comunidades cristãs se mantinham fiéis ao que Jesus ensinou porque cada um dos seus membros fazia sua parte.

Para ler e refletir

O mundo está perdido, pensou o homem enquanto fazia o sinal da cruz. O padre acabara de dar a bênção final e os féis apressavam-se em direção às portas da Igreja. O homem se sentia decepcionado. Seu vizinho, seu Arildo, traía a esposa com a secretária. Todo o bairro sabia! Ele comungara naquela missa, recebera do padre a Santa Eucaristia, ajoelhara e rezara. Quanta vergonha. Dona Celeste era uma fofoqueira maldosa, gostava de alimentar a vaidade com a desgraça alheia. Agora estava ali, com o lenço sobre a cabeça, o terço nas mãos, como quem seguia à risca os Mandamentos.

Quanta mentira. E o seu José? Era presença marcada no bar da esquina, pedia dinheiro emprestado para a bebida sem nunca se preocupar em pagar de volta. E estava ali, posando de santo. Quanta besteira. Quando saía da Igreja, encontrou o primo Tobias, a quem considerava decente. Disse--lhe o que pensava. O primo sorriu, tocou-lhe o ombro e respondeu: *a Igreja não é apenas para os santos e só Deus pode julgar a sinceridade da fé de alguém. Quem de nós não comete erros? Como membro da Igreja, você deveria se preocupar com suas responsabilidades e não em julgar como certa ou errada a atitude de alguém.*

O modo como as pessoas vivem a sua fé influencia no modo como você crê? Explique.

Alguma vez você se sentiu como o homem desse conto? O que Jesus ensina sobre isso?

Seu Arildo, dona Celeste e seu José eram menos importantes para Deus? Por quê?

Você concorda com a resposta de Tobias? Por quê?

Releia o texto de At 2,42-47 e responda: como podemos assumir a nossa responsabilidade como membros de uma comunidade?

Senhor, escuta a minha voz!

Senhor Jesus, tu disseste "onde dois ou mais estiverem reunidos em meu nome, eu estarei no meio deles" (Mt 18,20), e nos chama a viver em comunidade. Queremos construir uma comunidade sustentada no amor e no perdão, sinal da tua presença no mundo. Ajuda-nos, Senhor, a compreender como é bom viver a unidade mesmo com nossas diferenças.

Tu, que és Deus, com o Pai e o Espírito Santo. Amém.

E aí, qual é?

Para o Papa Francisco, viver em harmonia, testemunhar Cristo e ajudar os que necessitam são atitudes nas quais as comunidades cristãs devem perseverar. Nessas comunidades não há lugar para inveja, fofoca, calúnia, mentira, briga por posições de destaque. Mansidão e humildade, paz e perdão sempre devem prevalecer[1].

Comunidades assim mostram que entenderam e vivem o que Jesus disse aos seus discípulos.

Testemunhando a fé cristã

O Papa Francisco tem demonstrado de diversas maneiras como é possível testemunhar Jesus Cristo. Suas atitudes têm despertado atenção e gerado comentários de pessoas de outras religiões.

> Não sou religioso, mas tenho muito respeito e admiração por este Papa. Ele está fazendo muitíssimo bem ao mundo. Percebe-se que ele verdadeiramente se preocupa com as pessoas e tem um grande coração. Se existe um Deus, este é exatamente o tipo de pessoa que deveria representá-lo[2]. (M. Hukriede)

Essa foi a expressão de um internauta americano que se emocionou com a visita do Papa Francisco aos Estados Unidos, em setembro de 2015. Durante essa visita, teve grande repercussão o gesto do Papa Francisco de descer do carro para abençoar um menino com paralisia cerebral.

O catequista apresentará alguns comentários feitos pelos internautas americanos sobre o exemplo humano e cristão do Papa Francisco. Esses comentários representam quão importante é revelar em nossas atitudes e palavras os ensinamentos de Jesus, afinal, nada é mais marcante e inspirador do que o nosso exemplo.

---

1 Canção Nova. Papa fala sobre comportamentos que comunidade cristã deve ter. Disponível em: <http://papa.cancaonova.com/papa-fala-de-comportamentos-que-comunidade-crista-deve-ter/> Acesso em: 25 mai.2015.

2 Tradução livre. Disponível em: <https://www.facebook.com/washingtonpost/videos/10153269027352293/> Acesso em: 1 out. 2015.

Seguindo as orientações do catequista, reflita sobre como podemos expressar os valores cristãos em nossas vidas, de um modo que sejamos inspiração para os outros. Se desejar, depois da atividade, registre uma frase que resuma sua conclusão:

CRISTÃO de *Prática*

Nossa família é, também, uma comunidade. Para essa semana, assuma o compromisso de procurar viver em casa as três marcas de uma comunidade que segue Jesus: **buscar a harmonia, testemunhar os valores cristãos e ajudar quem precisa**. Você fará isso quando respeitar opiniões, acolher as diferenças sem ironia, for paciente diante das fragilidades do outro, agir com respeito e tolerância, for justo e atencioso com as necessidades da família ou, ainda, colaborar nas tarefas da casa.

Escreva o que precisa fazer e depois registre se conseguiu perseverar em suas intenções.

A comunidade formada segundo o exemplo de Jesus é lugar de acolhida e de encontro, no qual cada pessoa pode crescer na fé para realizar a missão deixada por Jesus.

4 SER SUPORTE UNS AOS OUTROS

Fazemos parte dos seguidores de Jesus. Juntos vamos nos dirigir a Deus Pai.

Senhor, escuta a minha voz!

Senhor Deus, ajudai-me a compreender meu lugar na comunidade dos discípulos de vosso Filho Jesus Cristo. Que eu aprenda o sentido da unidade e colabore para sermos sinal visível da vossa presença e do vosso amor no mundo. Amém.

Bora PENSAR

Toda comunidade precisa de organização para cumprir seu papel e alcançar seus objetivos. E precisa, principalmente, de pessoas que saibam respeitar e acolher as diferenças, sendo tolerantes para manter a unidade.

São Paulo nos pede: "com toda humildade e mansidão, com paciência, suportando-vos uns aos outros no amor" (Ef 4,2). Essas palavras são verdadeiras em qualquer situação. Em uma comunidade que vive segundo os ensinamentos de Jesus, deve ser mesmo assim: buscar sempre o entendimento, um apoiando o outro e aceitando-o do jeito que ele é.

Observe a imagem

Nela, um senhor está ensinando xadrez a uma criança. Vemos a criança atenta às peças no tabuleiro e o senhor pacientemente aguardando o tempo de aprendizagem dessa criança.

shutterstock

Agora, em duplas, responda:

Qual é a relação dessa imagem com o ensinamento de Paulo, de que devemos dar suporte uns aos outros?

Para responder a essa questão, reflitam:

- Como podemos dar suporte uns aos outros?
- Ensinar e aprender com as pessoas faz parte desse suporte?
- Quais atitudes podem ser formas de dar suporte às pessoas ao seu redor?
  - ✓ Você consegue ser paciente diante da demora de um idoso?
  - ✓ Você consegue administrar sem brigas a birra de um irmão?
  - ✓ Como você lida com o mau humor de seus pais?
- A sua comunidade vive essa experiência de suporte?
  - ✓ Na sua comunidade, quais de suas atitudes podem servir de suporte aos seus irmãos de fé?

LIGADOS na Palavra

Na convivência em grupos, com muita frequência vemos problemas surgirem quando as pessoas começam a se comparar com as outras. Por isso não é raro ouvir falar sobre pessoas que buscam vantagens e privilégios, pensando apenas em seu próprio benefício. Isso pode acontecer em casa, na escola, nos ambientes de trabalho ou até mesmo em nossa Igreja. É a ideia de querer "se dar bem" sempre. Mas, na comunidade de Jesus, não há espaço para essa atitude.

Proclamação da Palavra – Lc 22,24-27.

Os discípulos já pensavam na vitória de Jesus como rei dos judeus e não queriam abrir mão dos próprios sonhos de poder. Jesus falava em morte, em entrega, em ressurreição, em vida nova, mas os discípulos queriam garantir privilégios pessoais!

A discussão entre os discípulos mostra que nem sempre conseguimos entender, acolher e viver a lógica de Deus, sem pensar em privilégios pessoais. Jesus é bem claro: "entre vós não seja assim" (Lc 22,26).

Formem grupos e leiam a tira de papel que receberão do catequista para refletirem sobre a comparação entre as pessoas. Conversem sobre quais são as suas impressões em relação ao *seu José, personagem citado nas tiras: que tipo de pessoa ele é?* Registre.

Para refletir e responder individualmente:

- O que você aprendeu com essa atividade? E como se sentiu?
- Quando Jesus diz "entre vós não deve ser assim", a que Ele se refere?
- Para você, como comparar pessoas e buscar privilégios pessoais pode prejudicar a vida em comunidade?
- Você acha que evitar agir de modo egoísta e pensar mais nas outras pessoas é importante para a vida em comunidade? Por quê?

E aí, qual é?

Na comunidade, cada pessoa tem a responsabilidade de ajudar e sustentar a fé dos irmãos, compartilhando habilidades para o bem de todos.

A comunidade formada segundo o exemplo de Jesus é lugar de acolhida e de encontro, no qual cada pessoa pode crescer na fé para realizar a missão deixada por Jesus.

Como podemos crescer na fé?

Em grupos, reflitam como responder a essa pergunta seguindo as orientações e utilizando os materiais recebidos do catequista.

Nossa comunidade de fé, tal como as primeiras comunidades, é também formada por pessoas diferentes, com habilidades próprias, que devem ser usadas para o bem de todos.

Quais são as suas habilidades? Como você as usa nos grupos nos quais participa?

Com suas habilidades, como você pode ajudar sua comunidade de fé? Responda considerando as atitudes cristãs sobre as quais refletiu na atividade em grupo.

Bora AVANÇAR

Nossa comunidade de fé deve mostrar ao mundo que vivemos a unidade pedida por Jesus. Se não for assim, corremos o risco de ser como os discípulos do texto de Lucas, que procuravam vantagens e privilégios, e o resultado será a desunião.

Mas, se a unidade e a comunhão fraterna existirem apenas dentro da comunidade, tornam-se pouco diante de um mundo que tanto precisa de justiça, de paz, de solidariedade. Por isso, nosso testemunho deve transbordar para todos os lugares e para todos os grupos com os quais nos relacionamos.

Todos precisam uns dos outros para ter felicidade: essa é uma novidade do Evangelho.

Para você, nossa sociedade demonstra que aprendeu essa novidade? Por quê?

Diariamente chegam até nós notícias sobre violência, preconceito, exploração e desrespeito à dignidade da vida. Mas existem, também, muitos exemplos, nem sempre noticiados nas mídias, que mostram solidariedade, justiça e respeito à vida, pessoas que não esperam reconhecimento, mas que agem porque acreditam que o bem precisa ser praticado. O importante é não perder a esperança, a compaixão e o respeito pelo outro. Devemos aprender com Jesus, que não se cansava de ensinar, porque tinha fé na humanidade e no amor como fonte do bem.

Alguma vez a atitude de oferecer suporte a alguém, sem esperar recompensas, emocionou você a ponto de se sentir inspirado a agir com bondade, justiça ou solidariedade? Compartilhe com o grupo!

"...entre vós não seja assim..." (Lc 22,26)

CRISTÃO de *Prática*

Idade não é problema para colaborar e testemunhar Jesus! É bom mostrar que nos sentimos parte da comunidade e que temos compromisso com ela. E há muita coisa a ser feita. Nessa semana, o desafio é mostrar seu compromisso com Jesus Cristo em sua comunidade de fé, em casa e em todos os lugares onde estiver. Pode ser ajudar na Liturgia, preparar a sala para o encontro da catequese, convidar um amigo para participar da missa, descobrir pessoas que precisam de auxílio e procurar ajudá-las. Essas são maneiras pelas quais você pode dar suporte às pessoas da sua comunidade.

Escreva sobre o que você se comprometeu e como se sentiu assumindo esse compromisso.

Anotações

Para Jesus, o tratamento que damos aos outros deve ser o mesmo que queremos para nós. Como você gosta de ser tratado?

5 A PESSOA EM PRIMEIRO LUGAR!

No mundo somos milhões de pessoas, muito diferentes umas das outras. Temos, então, o desafio de conviver com as diferenças e isso nem sempre é fácil, principalmente quando diz respeito ao que acreditamos, queremos ou gostamos.

Com Jesus não foi diferente, mas Ele soube muito bem lidar com todas as pessoas.

Bora PENSAR

Jesus pede nosso esforço para nos relacionarmos com os outros nos mantendo atentos aos seus ensinamentos, sem querer impor nossas ideias e colaborando para o crescimento do Reino que Ele anunciou entre nós.

Como você reage diante de uma opinião diferente da sua? Por quê?

É quase inevitável julgar o outro. Estamos "de olho" nas atitudes e nas palavras de todos, por vezes até sem percebermos. Mas, nosso olhar deve ser de compaixão e nosso julgamento deve ser capaz de ver o valor das pessoas além das aparências.

LIGADOS na Palavra

Julgar alguém por ser diferente de nós pode ser um obstáculo para a prática do respeito e do amor ao próximo. Jesus nos ensina que devemos sempre respeitar as pessoas, especialmente quando nos sentimos incomodados por aquilo que nos faz diferentes delas, mas isso nem sempre é fácil.

Proclamação da Palavra – Lc 6,37-42.

Jesus fala sobre perdão e generosidade, sobre não condenar. Ele não deixa dúvidas quando diz que devemos acolher o outro como é, procurando entendê-lo com suas fragilidades.

Para Jesus, o tratamento que damos aos outros deve ser o mesmo que queremos para nós. Como você gosta de ser tratado?

Quando pensamos sobre como gostaríamos de ser tratados, várias atitudes que exigimos das pessoas aparecem: respeito, justiça, solidariedade... Não aceitamos que nossos sentimentos ou nossas opiniões sejam ignorados. Queremos ser ouvidos e ter nossos direitos garantidos.

Mas como agimos com as outras pessoas? Oferecemos a elas o que exigimos para nós?

Nesse Evangelho, aprendemos uma atitude muito importante para o cristão, sem a qual não somos capazes de expressar amor ao próximo ou testemunhar os ensinamentos de Jesus.

Para descobrir qual é essa atitude, reflita sobre o que há em comum entre as situações:

- A mãe que levanta rapidamente ao ouvir o choro do filho recém-nascido na madrugada.
- Milhares de pessoas de todo o país que fazem doações àqueles que perderam tudo em uma grande enchente.
- Jesus que se entrega à tarefa de aliviar o sofrimento das pessoas.

Encontre a resposta no caça-palavras.

K	E	T	Y	U	K	L	Ç	Z	X	D
T	C	M	B	N	V	C	F	G	T	Y
P	U	O	R	R	T	J	P	Y	R	A
Ç	H	W	M	F	A	N	K	W	T	S
M	J	Q	H	P	M	I	R	F	O	R
N	K	R	B	F	A	M	B	D	L	T
V	L	T	N	V	K	I	V	S	Ç	Y
E	P	Y	I	A	U	C	X	V	P	I
R	Ç	U	O	S	Y	Z	V	Ã	Q	P
V	M	J	L	D	H	X	Ç	M	O	K

Seguindo as orientações do catequista, em grupo dramatize uma das cenas na qual se revela a importância dessa atitude para a prática do bem.

Cena 1: A professora notou os hematomas. Os braços vermelhos pela pressão das mãos adultas. As costas cheias de vergões pelo choque da cinta. Helena, sua aluna do terceiro ano, apanhara outra vez do pai alcoólatra. A professora notou que os colegas de Helena perguntavam sobre as marcas em seus braços e pediu que a menina colocasse um casaco. A cidade era pequena e o pai de Helena era um homem agressivo, se o denunciasse poderia ter problemas. Não queria um homem como aquele indo até sua casa para tomar satisfações. Pronto. Com o casaco, as marcas ficavam escondidas. *Melhor assim*, pensou.

Cena 2: Helena passava frio. O chão úmido e malcheiroso não a protegia do terrível inverno. Já se passaram 15 dias desde que sua mãe a acordou no meio da noite para que fugissem. *Vamos ter uma vida melhor, minha filha*, ela disse. Mas a vida melhor, até agora, não viera. Saíram da pequena cidade onde viviam e foram para a capital. Levaram poucos pertences, pouco dinheiro e pouca dignidade. As roupas pobres e a falta de um currículo fizeram com que vários comerciantes se negassem a dar emprego para a mãe de Helena. *Aqui não faço caridade*, diziam.

Cena 3: Helena e sua mãe conseguiram, finalmente, um lugar para morar. Era um pequeno quarto, nos fundos da casa onde sua mãe fora contratada como empregada doméstica. A carteira não era assinada; a patroa sabia que não estavam em condições de se queixar. Na casa, as filhas da patroa tinham idade aproximada à de Helena e, embora se vissem com grande curiosidade, as crianças estavam impedidas de brincarem juntas. Helena se sentia sozinha e preocupava-se com sua mãe, sempre cansada das extenuantes tarefas domésticas. A casa era grande, o salário limitado e as esperanças poucas.

Cena 4: Helena voltou para a escola, mas estava dois anos atrasada. Os colegas chamavam-na de repetente e rejeitavam sua amizade. Quando completou 14 anos, sua mãe adoeceu gravemente. Sem plano de saúde e nenhum direito garantido, a patroa lhes deu um ultimato: teriam um mês para resolverem seus problemas, caso contrário deveriam sair da casa. O médico que as atendeu aproveitou-se da simplicidade delas e disse que, para a cirurgia necessária, haveria custos. Helena não sabia o que fazer.

Cena 5: Pesquisou sobre a quem pedir ajuda. Ligou para a Fundação de Assistência Social da cidade. A assistente social pediu que fosse até lá. A burocracia envolveu tantas pessoas que Helena mal conseguiu contar. Repetiu uma, duas, três vezes a sua situação. Assinou papéis. Sentia-se nervosa. Uma das assistentes sociais visitou sua casa. Foi rude e a patroa ficou furiosa. Fora notificada sobre as condições ilegais da contratação de sua empregada doméstica e, sem hesitar, expulsou-as. Helena e sua mãe voltaram para as ruas.

A compaixão é um dos sentimentos que mais revelam amor ao próximo, pois depende da sensibilidade e do interesse genuíno pela prática do bem.

"...será usada para vocês." (Lc 6,38)

Bora REPARAR

Você já reparou como somos rápidos para criticar o que as pessoas fazem ou chamar a atenção para as suas dificuldades? Expressamos nossas opiniões negativas com tanta facilidade que, muitas vezes, magoamos as pessoas. Reflita com seus colegas sobre as situações apresentadas pelo catequista.

Faça um desenho no qual um personagem faz mau uso da sinceridade ao expressar uma opinião. Ao lado, desenhe como essa mesma opinião poderia ser expressada de modo realmente respeitoso e compassivo.

A sinceridade encontra seu limite nos sentimentos do outro.

Faça um desenho no qual um personagem expressa um discurso de ódio. Ao lado, faça um desenho corrigindo a percepção preconceituosa do personagem e destacando a importância de respeitar e sentir compaixão pelas pessoas.

Discurso de ódio não é liberdade de expressão.

E aí, qual é?

Todas as pessoas gostam da justiça, mas apenas quando essa defende seus interesses e direitos. Concordam com esse pensamento? Por quê?

A justiça de Deus

Jesus nos ensina que é preciso ter compaixão em nossos julgamentos. Mas, às vezes, diante de casos de violência, por exemplo, isso é difícil. Sentimos vontade de condenar e desejar ao outro aquilo que julgamos que "ele merece". O problema é que, assim, corremos o risco de assumir uma justiça vingativa, contrária à justiça de Deus.

A justiça de Deus é compassiva. Ela nos ensina a oferecer àqueles que cometem erros oportunidades para reconhecê-los e mudar sua vida no que for necessário. Para Deus o mais importante é a pessoa, que sempre deve ter a chance de mudar. Ele nos ensina que é pela bondade que inpiramos o outro a ser bom.

Para você, como poderíamos viver a justiça de Deus em nossa sociedade? Quais mudanças seriam necessárias?

Senhor, escuta a minha voz!

Senhor Jesus, dá-nos um coração carregado do teu amor! Quando a tentação de julgar for grande e não soubermos perdoar um irmão, dá-nos um coração semelhante ao teu! Quando não tivermos compaixão nem ternura, dá-nos um coração semelhante ao teu!

CRISTÃO de *Prática*

Não condenar nem prejulgar, saber perdoar, ser compassivo e humilde são atitudes que dependem da nossa vontade. Não dá para ficar pedindo a Deus sem querer ser assim de verdade. Essa semana seu compromisso será não prejulgar nem condenar ninguém, seja em casa, com seus amigos ou na escola.

Depois escreva uma situação na qual você soube ter o mesmo olhar compassivo de Jesus e como se sentiu agindo assim.

Anotações

shutterstock

Para respeitar, amar e perdoar as pessoas é preciso ouvi-las. Só quando ouvimos o outro conseguimos perceber seus motivos, suas fragilidades, suas preocupações.

6 ACOLHER UNS AOS OUTROS

Quando a pessoa está em primeiro lugar, nós somos chamados a acolhê-la com suas limitações e a aceitá-la como é. Como discípulos de Jesus, devemos colocar sempre a pessoa em primeiro lugar e agir com compaixão.

Bora PENSAR

Uma juíza nos Estados Unidos da América presidia uma audiência na qual o suspeito era acusado de furto. Ao final, a juíza perguntou ao suspeito se havia estudado em uma determinada escola; ele ficou muito surpreso e emocionado ao reconhecê-la como uma colega com quem estudou. Depois de comentar que ele era o menino mais legal na escola e que costumavam jogar futebol juntos, a juíza dirigiu-se ao suspeito dizendo: "Sinto muito por encontrá-lo aqui. Espero que você seja capaz de mudar, sair dessa bem e levar uma vida dentro da lei. Boa sorte para você[3]".

O que você pensa sobre a atitude da juíza dessa notícia?

---

3 Drama e choro no tribunal. Disponível em: <http://www.bbc.com/portuguese/noticias/2015/07/150703_video_juiza_choro_fd_cc>. Acesso em: 1 ago. 2015.

LIGADOS na Palavra

O apóstolo Paulo recomenda cuidado diante do outro para não cairmos na tentação de condenar, e mostra como devemos agir: "Corrigi os indisciplinados, animai os desanimados, sustentai os fracos e sede pacientes com todos" (cf. 1 Ts 5,14).

Proclamação da Palavra – Lc 7,36-50.

Após a leitura e reflexão sobre o Evangelho, organize as respostas de acordo com a ordem das perguntas:

1. Que situação o texto apresenta?
2. Quem era a mulher para o fariseu? Que sentimentos nutria por ela?
3. O que era importante para a mulher? Como lidava com a opinião das pessoas diante do que era importante para ela?
4. O que era para Jesus o gesto da mulher? O que Ele fez?

( ) Para a mulher, lavar e perfumar os pés de Jesus era um reconhecimento das suas faltas e um pedido de perdão; não importava a opinião das pessoas, ela queria colocar-se de maneira afetuosa e reconhecida diante de Jesus.

( ) Os fariseus seguiam cegamente a Lei e, como muitas pessoas, eram preconceituosos. Jesus, sem se preocupar com a opinião dos outros sobre suas atitudes, demonstrou que amar é mais importante do que obedecer a leis e tradições.

( ) Para o fariseu, a mulher que chegou à sua casa era uma pecadora e, portanto, não tinha o direito de aproximar-se de ninguém, muito menos de quem cumpria a lei; ele apenas a condenava e criticou Jesus por não a rejeitar.

( ) Para as outras pessoas, acostumadas a julgar e condenar, o gesto da mulher era um escândalo. Mas, para Jesus era um gesto do mais puro amor, e Ele acolheu a mulher do jeito como ela se apresentou diante dele.

Vamos refletir sobre as nossas atitudes em comparação aos modos como o fariseu e Jesus compreendiam a atitude da mulher pecadora?

Participe da dinâmica que seu catequista irá propor: você receberá uma folha para escrever uma frase a ser completada pelos colegas. Essa frase deve envolver um problema de relacionamento e levá-los a pensar sobre como reagiriam na situação descrita. **Por exemplo**: *se descobrisse que seu melhor amigo traiu sua confiança e revelou um dos seus segredos para outra pessoa, você...*

Como pessoas, todos nós cometemos falhas e erros. Por isso não podemos simplesmente acusar alguém, porque seria hipocrisia e em nada ajudaria o outro. O que realmente importa é levar aquele que errou a retomar sua vida afastando-se do erro e consertando o que fez ou disse.

São Paulo fala em corrigir, encorajar, amparar e ter paciência com o outro. Você vê o comportamento de Jesus com o fariseu e com a mulher nessas palavras? Como?

"...tenho uma coisa para dizer-te." (Lc 7,40)

Bora COMPARAR

O que têm em comum a notícia sobre o encontro entre a juíza e o suspeito e a passagem do Evangelho que você leu? Para ajudá-lo, leia mais uma vez a frase dita pela juíza ao final da audiência e os versículos 44-47.

E aí, qual é?

shutterstock

Muitas vezes somos patrulheiros dos erros dos outros e nos esquecemos de olhar os nossos próprios erros. É assim quando condenamos os políticos corruptos, mas achamos "normal" ficar com o troco recebido a mais. Ou quando ofendemos quem bebe, mesmo não conseguindo controlar a nossa gula. Fazemos assim, ainda, quando ofendemos o juiz que confirma o gol do time adversário e fingimos não ver o impedimento do nosso time, ou quando reclamamos de um serviço mal feito e somos os "reis da preguiça". É uma lista comprida! Parece até que acusar o outro é bom, porque nos faz esquecer os nossos próprios erros.

Vamos vivenciar agora um momento importante para o grupo. Na atividade que realizaremos vamos depositar nossa confiança uns nos outros e fazer uma experiência sensível de partilha. Sigam as orientações do catequista e participem com respeito e amor uns pelos outros.

Muitas vezes, desconhecemos a dor e o sofrimento de cada pessoa. Diante dos erros, acusamos uns aos outros, sem perceber que o mais importante é aprender a lição que eles podem nos trazer.

Ser capaz de aprender com os erros das pessoas e com os nossos próprios erros revela nossa busca em nos tornarmos cristãos cada vez melhores.

CRISTÃO de Prática

A mulher que se aproximou de Jesus no texto de Lucas não fez nenhum pedido, nada falou; mas, sua atitude falou muito mais do que qualquer palavra. Jesus "ouviu" em seu gesto o amor que ela trazia. Para respeitar, amar e perdoar as pessoas é preciso ouvi-las. **Só quando ouvimos o outro conseguimos perceber seus motivos, suas fragilidades, suas preocupações. Mas, parece que o mundo hoje está carente de ouvidos!**

Nessa semana vamos exercitar a capacidade de ouvir. Procure aquela pessoa a quem você talvez tenha ofendido com uma condenação apressada, ou alguém a quem você não deu um tratamento justo. Ouça, converse, mostre sua disposição sincera em compreender e ter um olhar justo sobre ela. Escreva como se sentiu nessa conversa, o que foi mais difícil e como foi a reação da outra pessoa.

Senhor, escuta a minha voz!

Se não devemos ser falsos e nem hipócritas com as pessoas, com Deus também devemos ser verdadeiros. Só que ninguém pode nos examinar para saber se existe ou não falsidade em nossa relação com Deus.

"Examinai a vós mesmos se estais na fé. Provai-vos a vós mesmos. Não reconheceis que Cristo está em vós? A não ser que estejais reprovados" (2Cor 13,5).

Essas palavras do apóstolo Paulo nos alertam para sermos verdadeiros em nossa vivência da fé como a mulher que se aproximou de Jesus, e não hipócritas como o fariseu.

Escreva sua oração pedindo para saber viver sua fé sem fingimento, praticando aquilo em que crê e sendo sincero com Deus.

shutterstock

Jesus ensina que, cumprindo nossas obrigações, devemos dizer: "somos simples servos, fizemos o que devíamos fazer!"

7 FAÇO O QUE É PRECISO FAZER

Quando a palavra obrigação aparece em uma conversa nem sempre é bem aceita. Porque, em geral, pensamos em obrigação como aquilo que é difícil, ruim de se fazer e que exige muito de nós. E o que é pior: cumprir uma obrigação é visto como fazer alguma coisa que não nos traz qualquer retorno. Mas, será que é isso mesmo?

LIGADOS na Palavra

João pediu a Miguel, seu filho, que o ajudasse com alguns pequenos consertos necessários em casa. Depois de algumas horas, juntos haviam terminado tudo o que era possível fazer. Mas, antes de dormir, Miguel escreveu um bilhete ao pai, dizendo que merecia receber certa quantia por tê-lo ajudado tanto durante o dia.

“O que você pensa sobre a atitude do Miguel?

“Alguma vez já agiu como o Miguel? Como foi a sua experiência?

“Você tem obrigações? Quais? Como se sente ao cumpri-las?

Proclamação da Palavra – Lc 17,7-10.

Jesus fala sobre os trabalhadores rurais que, depois de um longo dia de trabalho no campo, ainda tinham outras tarefas para cumprir, como preparar e servir a refeição aos patrões, para só depois cuidar deles mesmos. Isso fazia parte das condições do trabalho. Nenhum trabalhador pensava que fazia mais do que era sua obrigação. E nenhum patrão pensava que devia ao trabalhador mais do que o salário que lhe pagava.

Jesus faz uma pergunta aos que o ouviam, mas dá a entender que eles já sabem a resposta: "Por acaso fica o senhor devendo algum favor ao escravo pelo fato de este ter feito o que lhe foi mandado?" (Lc 17,9).

O que Jesus quer nos dizer com essa pergunta?

Com Jesus aprendemos que, ao assumirmos a nossa missão de cristãos, é preciso cumprir algumas obrigações de modo a colaborar para o bem-estar de todos, ser bom cidadão, bom amigo, bom filho, bom empregado e bom patrão.

Elabore frases para descrever as obrigações dos cristãos em diferentes situações, usando o banco de palavras. Depois, compartilhe com seu grupo.

Patrões

Empregados

Amigos

Irmãos

Cidadãos

Cristãos

Filhos

obrigação
meio-ambiente
valorizar
cumprir
recompensas
respeito
cidadão
solidariedade
opinião
gentileza
bondade
pagamento
pais
Deus
amor
inimigos
justiça
tarefas
ajudar
preservar
colaborar
próximo
cuidar

- Você reconhece essas atitudes em nossa sociedade hoje?
- Como elas influenciam a vida de todos?

Bora REPARAR

O cristão reconhece nas suas obrigações a importância de se colocar como servo, sem exigir receber recompensas ou direitos, a exemplo de Jesus. Ele espera que cada um entenda o valor de suas obrigações para si e para os outros. Quando isso acontece, compreendemos que o nosso único pagamento é a certeza de que estamos construindo uma sociedade melhor, o Reino de Deus.

Se todos cumprissem seus deveres

Em nossas vidas dependemos de muitas pessoas: motoristas do transporte público, garis, professores, vendedores, médicos, enfermeiros, carteiros... Tudo o que precisamos para viver está ligado a alguém que possui habilidades necessárias à nossa sobrevivência e ao nosso bem-estar.

As responsabilidades de cada pessoa na sociedade, inclusive as nossas, são importantes. Quando não cumprimos nossas responsabilidades sobrecarregamos alguém, que terá de realizar a nossa parte. É semelhante ao que acontece, por exemplo, quando deixamos de fazer a nossa parte em um trabalho na escola, e todo o grupo precisa se esforçar para terminá-lo.

Sabemos os prejuízos envolvidos quando as pessoas não cumprem suas obrigações, mas como seria se todas estivessem realmente comprometidas com as suas responsabilidades?

shutterstock

Em grupo, produza um jornal retratando uma realidade na qual cada pessoa cumpre seus deveres. Siga as orientações do catequista e mãos à obra!

Bora PENSAR

Quando fazemos um bom trabalho ou mesmo quando fazemos aquilo que é nossa obrigação, muitas vezes esperamos elogios, reconhecimento ou até mesmo recompensas. Mas Jesus nos ensina a praticar o bem, sem querer recompensas ou palavras de elogio. E, assim como Deus age com gratuidade conosco, precisamos agir com nossos irmãos: praticar o bem simplesmente porque faz o outro mais feliz.

Você se lembra de João e Miguel, do início desse tema? Escreva uma resposta que o João poderia dar ao filho Miguel, depois de ler seu bilhete.

Fazer o bem gratuitamente é um exercício de viver segundo os valores de Jesus.

Construa uma "tirinha" mostrando como é possível, no nosso dia a dia, fazer esse tipo de exercício.

"Assim, também vós..." (Lc 17,10)

Muitas vezes, parece que existe um "toma lá, dá cá", um dar para receber algo em troca nas relações entre as pessoas. Mas, nós temos chance de modificar um pouco o mundo à nossa volta, se procurarmos fazer o que deve ser feito sem pretender receber nada em troca.

Atitudes cristãs no dia a dia

shutterstock

Sabe o efeito que acontece quando jogamos uma pedra no lago e ela, ao cair, forma um círculo pequeno que se multiplica formando outros cada vez maiores?

Podemos pensar em nossas atitudes como as pedras jogadas no lago: sempre irão produzir algum efeito. É só olhar a marca que Jesus deixou na Terra!

As atitudes que revelam nosso compromisso cristão não precisam ser grandiosas ou notáveis. Quando simples, são até mais fáceis de serem praticadas no dia a dia.

Acompanhe os exemplos que seu catequista apresentará e reflita sobre as gentilezas que mostram que o mundo pode ser melhor se as pessoas quiserem.

Além dos exemplos citados, quais outras atitudes de gentileza e amor ao próximo você pode expressar no cotidiano? Escreva e depois compartilhe com os colegas.

Bora MUDAR

Ser gentil não é ser só educado, porque a gentileza é uma característica relacionada aos valores nos quais acreditamos. Quem é gentil preocupa-se com os outros, conhecidos ou desconhecidos, e pratica o bem sem segundas intenções.

Onde existe bondade existe a semente do Reino de Deus.

A prática do bem é um ato de coragem e pode mudar completamente a vida de alguém. Conheça o exemplo que seu catequista apresentará. Depois, resuma em uma frase o que aprendeu e compartilhe com o grupo.

CRISTÃO de *Prática*

As palavras de Jesus nos colocam diante de uma questão: como você pode colaborar para o bem-estar das pessoas cumprindo suas obrigações?

Pense e avalie suas atitudes em família, na escola, com os amigos, e faça uma lista de "obrigações" que deve cumprir no seu dia a dia, descobrindo como responder a essa questão.

- [ ] ____________________
- [ ] ____________________
- [ ] ____________________
- [ ] ____________________
- [ ] ____________________
- [ ] ____________________
- [ ] ____________________
- [ ] ____________________
- [ ] ____________________

Senhor, escuta a minha voz!

Converse com Deus, pedindo que seu coração seja generoso e aberto para praticar o bem sem esperar recompensas.

Deus Pai, vosso Filho Jesus nos disse que devemos praticar o bem que ajuda as pessoas a ter uma vida melhor, mas sem buscar reconhecimento. Eu peço, Senhor,

shutterstock

Muitas vezes ouvimos alguém dizer querer ser livre, dono da própria vida, para poder fazer o que bem quiser. A liberdade se resume a isso?

8 ONDE ESTÁ A MINHA LIBERDADE

Ser adolescente hoje, em um mundo com tantas ideias, é um grande desafio. Muitas vezes surge o desinteresse, a agressividade, a depressão e, até mesmo, o envolvimento com o crime ou com as drogas. É importante perceber que neste contexto estão em jogo dois valores essenciais: a liberdade e o amor à vida.

Bora ESCOLHER

Se existe uma coisa da qual todo mundo gosta é ser livre. Mas sabemos mesmo o que é ser livre?

Escreva palavras relacionadas ao que você pensa sobre liberdade completando o acróstico.

L

I

B

E

R

D

A

D

E

LIGADOS na Palavra

Liberdade é uma palavra sempre lembrada nos dias de hoje. Na publicidade, na política e nos negócios sabe-se como usá-la para atrair o interesse de seus públicos. Mas isso não é uma novidade, porque ser livre sempre foi algo precioso para a humanidade. Por isso, Jesus também falou sobre a liberdade, valor presente no seu Evangelho.

Proclamação da Palavra – Jo 10,7-10.

No tempo de Jesus, os pastores eram nômades; muitas vezes eles se deitavam junto à porta do aprisco, à noite, e eram, eles mesmos, a porta que guardava o rebanho. Mas Jesus queria dizer algo bem mais importante.

Jesus diz: "Eu sou a porta" (Jo 10,9).

O que significam estas palavras?

Jesus falava sobre a Igreja, comunidade dos seus seguidores, e afirmava que Ele próprio é responsável por nos conduzir ao Pai. Ele usou a imagem da porta para indicar o caminho: "a" porta, isto é, uma única porta, um único caminho para chegarmos a Deus. Por isso, nem precisamos nos cansar a procura de outras portas, pois Ele mesmo disse que "ninguém vem ao Pai senão por mim" (Jo 14,6).

Porta da liberdade: é assim que Jesus se apresenta. Ele diz que quem o segue é **livre**, pode **decidir**, **entrar** e **sair**.

Na vida, muitas portas nos são apresentadas. Por quais delas escolhemos entrar? Será Jesus uma dessas escolhas?

Observe as portas: escolha uma ou mais para traduzir a sua opinião.

Acho que cada pessoa deve se preocupar com sua própria vida. Ninguém suporta gente enxerida.

Odeio "mimimi". Tem gente que parece que nasceu para reclamar!

Já deixei de ganhar benefícios pessoais para fazer "o que é certo". Não importa se há alguém olhando ou não, minha consciência está limpa. Se as pessoas fizessem o mesmo, viveríamos em um mundo melhor.

Esse negócio de "amor ao próximo" morre a partir do momento em que alguém da sua família é vítima de violência.

Pequenas trapaças não machucam ninguém. Vou à Igreja, ajudo os necessitados, mas nem sempre devolvo o dinheiro que encontro e já furei muita fila. Sou uma pessoa ruim?

Se Deus fosse realmente bom, minha mãe não estaria doente agora.

"Agora escreva por que selecionou essa(s) porta(s)."

Com nossa liberdade, se escolhemos Jesus ganhamos segurança e vida abundante, isto é, vida digna, cheia de justiça, junto aos irmãos, que só tem quem faz parte do grupo daqueles que creem em Jesus. Vamos conversar sobre isso.

Quando entramos pela porta que é Jesus, o que encontramos?	Quando saímos pela porta que é Jesus, que atitudes e compromissos assumimos?

Bora PENSAR

Somos livres para pensar o que quisermos, mas é preciso perceber que o modo como compreendemos a vida influencia o modo como a vivemos.

Muitas vezes ouvimos alguém dizer que quer ser livre, dono da própria vida, para poder fazer o que bem quiser. Para essa pessoa, a liberdade se resume a isso: fazer aquilo que quer.

Será que é isso mesmo? O que você pensa sobre isso?

Liberdade é poder fazer nossas próprias escolhas. E só somos realmente livres quando elas são feitas com responsabilidade; se não for assim, nós nos tornamos prisioneiros daquilo que escolhemos.

O que são escolhas feitas com responsabilidade?

Muitas vezes a mídia ou algumas pessoas querem nos dizer o que é certo, verdade ou bom para nós. Mas a liberdade está em fazermos escolhas conscientes, conforme o que acreditamos.

Você concorda?

E o que Jesus diz sobre isso? Para Ele somos livres quando podemos escolher o que é melhor para nós, como as ovelhas no texto do Evangelho.

Ao escolhermos Jesus, o que muda em nossa vida e como fica a nossa liberdade? Converse com seu grupo e escreva a que conclusão chegaram.

Nossa liberdade tem limites...

Somos livres para sermos nós mesmos, para nos expressarmos e para nos reconhecermos pertencentes a um grupo ou comunidade. Mas não podemos esquecer que nossa liberdade individual tem limites.

O que isso significa?

Temos a liberdade de agir como quisermos, mas a liberdade presenteada por Jesus encontra limites nos sentimentos do próximo e no valor à vida. Como seguidores de Jesus, é preciso considerar as consequências das nossas ações.

Assista ao vídeo apresentado pelo catequista e reflita.

Quando escolhemos seguir Jesus nós passamos a ver o mundo com outro olhar (o olhar de Jesus), repensamos nossas decisões e somos livres para viver segundo o que Ele nos ensinou, isto é, colocando o amor como a base de tudo. Assim nos aproximamos de Jesus. E essa é a sua vontade: ficarmos perto dele, vivendo livres e capazes de fazer escolhas de acordo com o que acreditamos.

shutterstock

"Eu sou a porta." (Jo 10,9)

E aí, qual é?

Ao realizar escolhas, muitas vezes abusamos da liberdade e não nos preocupamos se essas escolhas revelam nosso compromisso cristão. Você pensa sobre quais são as suas prioridades no momento de escolher apoiar uma ideologia, tornar-se fã de uma banda, comprar uma roupa ou dedicar seu tempo livre para um hobby?

Reflita sobre o assunto a partir das orientações do catequista. Depois, escreva quais são as suas três principais prioridades no momento de realizar escolhas.

1

2

3

CRISTÃO de Prática

Jesus era uma pessoa livre, que não se deixou amarrar pelas ideias do mundo, mas era atento para fazer acontecer a vontade do Pai. Suas palavras são um grande convite que Ele nos faz à liberdade. Não temos que pensar de acordo com o que a mídia tenta nos vender como costumes e valores.

Escolha uma ideia muito comentada na mídia e converse com seus amigos: o que Jesus diria sobre essa ideia? O que cada um pensa sobre ela?

Senhor, escuta a minha voz!

Senhor nosso Deus, que tudo
podeis transformar conforme a vossa vontade,
dai-me a sabedoria necessária para ser livre e coragem
para dizer não às escolhas que o mundo quiser me impor.
Que eu seja capaz de fazer escolhas que me aproximem de
vosso Filho Jesus e me conduzam à vida plena. Amém.

shutterstock

Se nosso coração está fechado a Jesus, nossas atitudes e palavras não vão mostrar que somos seus discípulos. É como o fruto indicando a qualidade da árvore: árvore ruim, frutos ruins. Quando produzimos frutos bons, agradamos a Deus porque mostramos que aceitamos e vivemos a proposta de vida que Jesus nos apresentou.

9 O QUE AGRADA A DEUS

Quando decidimos seguir Jesus, escolhemos agir de modo que agrade a Deus. Para isso, precisamos escolher o que nos aproxima dele e não nos afasta da sua presença. Vamos conferir como podemos fazer isso!

Bora PENSAR

André participava de um grupo de skatistas na rua onde morava. Sempre muito animado, tornou-se o líder do grupo e, por isso, enfrentou situações complicadas. Em uma conversa com alguns amigos, ficou definido um horário para o grupo se reunir; no entanto, ele ouviu muita reclamação dos outros skatistas. Para atender aos pedidos, o horário foi mudado, mas as reclamações continuaram. André resolveu definir sozinho um novo horário, e ouviu muitas críticas ao seu comportamento. Chamou, então, o grupo para que todos juntos tomassem uma decisão, e surpreendeu-se ao ver que muitos skatistas não apareceram para essa conversa.

Que final você daria para essa história?

Por que, na sua opinião, André passou pelas situações descritas?

O que você faria no lugar do André?

Em nossa vida convivemos com pessoas bem diferentes umas das outras. Temos amigos próximos e muitos conhecidos. Temos sonhos, objetivos, desejos. Temos liberdade. Buscamos vitórias, prazeres e alegrias, bem-estar, uma vida feliz.

Isso quer dizer que cada pessoa está em busca de construir sua própria felicidade e, para isso, faz escolhas.

Mas será que o que pensamos ser a nossa felicidade é também o que Deus nos deseja? Quando fazemos nossas escolhas, estamos procurando agradar a quem:

O apóstolo Paulo, na Carta aos Gálatas, disse que em seu ministério sempre tinha que fazer tal escolha. E deixa bem claro: "Se ainda estivesse procurando agradar às pessoas eu não seria o escravo de Cristo" (Gl 1,10).

Qual o sentido dessas palavras de São Paulo?

Seguir nosso caminho escolhendo sempre as coisas de Deus não é fácil, porque a cada dia surgem oportunidades para nos tirar desse foco e nos afastar do seu Plano. É preciso cuidado para que as nossas escolhas estejam em sintonia com o caminho que decidimos seguir como cristãos.

E em nossos papéis como filhos, amigos, alunos, profissionais, cidadãos, homens e mulheres, fiéis... será possível garantir que sempre agrademos a Deus?

Vamos pensar: que ações, sentimentos e atitudes não agradam a Deus?

shutterstock

LIGADOS na Palavra

Proclamação da Palavra – Mt 7,16b-20.

Jesus ensina os discípulos a reconhecer os verdadeiros ouvintes da Palavra pelos seus frutos, isto é, pelo que fazemos e dizemos. Quando produzimos frutos bons agradamos a Deus porque mostramos que aceitamos e vivemos a proposta de vida que Jesus nos apresentou.

Assim como não conseguimos amigos fingindo ser uma pessoa que não somos, Deus também espera de nós atitudes verdadeiras. Se nossas atitudes não são sinceras, nascidas da amizade e na confiança em Jesus, somos como uma macieira carregada de uvas. Isto é, uma enganação!

Desenhe uma árvore, sem esquecer o terreno no qual está plantada, as raízes, o tronco, os galhos, muitas folhas e frutos. Escreva nesses frutos as atitudes que você tem e que mostram sua vontade de agradar a Deus, os frutos que você quer produzir. Pense nessa árvore como a sua vida: o que é o terreno, o que são as raízes e os galhos?

"...toda árvore boa dá fruto bom." (Mt 7,17)

Bora ESCOLHER

Agradar a Deus é muito mais do que ter boas atitudes ou praticar boas ações. Agradamos a Deus quando somos cidadãos conscientes e buscamos o melhor para nós mesmos e para o próximo, para nosso bairro, nossa cidade, nosso país, para o mundo. Agradamos a Deus, quando valorizamos o maior dom que dele recebemos – a vida – ou quando vivemos nossa sexualidade segundo seus planos, sem nos deixarmos levar por impulsos ou modinhas.

Decidir agradar a Deus pode exigir:

- Resistir ao que uma pessoa nos oferece.
- Colocar-se humildemente a serviço de alguém.
- Aceitar quando algumas das nossas escolhas não são as melhores para nós ou para os outros.
- Avaliar nosso conceito sobre o que é felicidade.
- Estar aberto para saber o que Deus espera de nós.

Podemos escolher agradar a Deus, a nós mesmos e aos outros. Qual o seu critério para agir com esse equilíbrio?

Quando pensamos nas escolhas que agradam a Deus, algumas podem até mesmo ser difíceis de aceitar. Siga as orientações do seu catequista para refletir sobre algumas delas.

CRISTÃO de *Prática*

Ser cristão não é só conhecer e seguir uma doutrina. É, também, uma maneira de viver. Por isso, diz respeito à nossa vida a afirmação de Jesus: "Por seus frutos os conhecereis" (Mt 7,20).

Com seus colegas do grupo, escreva uma **Declaração de Intenções** para agradar a Deus escrevendo as atitudes com as quais se comprometem.

DECLARAÇÃO DE INTENÇÕES

Senhor, escuta a minha voz!

O Sl 72(73) fala que a confiança em Deus deve ser a rocha sobre a qual todas as nossas ações se sustentam. Com a linguagem da oração, dizemos que bom é estar perto de Deus. Com a linguagem da fé, afirmamos que Deus é nosso único Senhor. Com a linguagem do louvor, proclamamos as maravilhas que Ele faz.

Coloque-se em silêncio diante de Deus, conversando com Ele e expressando sua vontade de procurar ter atitudes que lhe sejam agradáveis. Depois, em dois coros, reze junto com seus colegas.

Sl 72(73),1-7.20.23-26.28

R. ***Como é bom estar perto de Deus!***
1 Na verdade, Deus é bom para Israel, para os de coração puro.
2 Quanto a mim, por pouco meus pés escorregavam; por um triz não resvalaram meus passos,
3 pois eu tinha inveja dos arrogantes, ao ver a prosperidade dos ímpios.
R. ***Como é bom estar perto de Deus!***
4 Não tem dificuldades até à morte, seu corpo é sadio e bem nutrido,
5 não partilham das penas humanas, nem são atormentados como os outros homens.
6 Por isso seu colar é a soberba, e seu manto a violência.
7 Seus olhos saltam da gordura, e do coração transbordam tolices.
R. ***Como é bom estar perto de Deus!***
20 Como a um sonho, quando se acorda, assim, ó Senhor, desprezarás a imagem deles ao despertar.
23 Mas eu sempre estou contigo, tu me seguras pela mão direita,
24 tu me guias segundo teus desígnios, e no fim me acolherás na glória.
25 Se tu, a quem eu tenho no céu, estás comigo, nada mais desejo na terra.
26 Embora minha carne e meu coração definhem, Deus é a rocha do meu coração e minha herança para sempre!
R. ***Como é bom estar perto de Deus!***
28 Quanto a mim, minha felicidade é estar perto de Deus.
Em ti, Senhor Deus o meu refúgio, ponho o meu refúgio, para contar todas as tuas obras.
R. ***Como é bom estar perto de Deus!***

A vida de uma pessoa e o valor que ela tem não podem ser medidos pela quantidade de bens acumulados, por sua riqueza ou pela imagem que procura transmitir a partir do que possui: é isso que Jesus nos ensina.

10 SOU RICO PELA GRAÇA DE DEUS

"Já que contas muito para mim, me és caro e eu te amo, entrego gente em teu lugar e povos por tua vida. Não tenhas medo, pois estou contigo!" (Is 43,4-5a)

Bora PENSAR

Na brincadeira da caça ao tesouro é preciso superar algumas provas e pensar nas pistas fornecidas para encontrar um tesouro. Mas essa não é apenas uma brincadeira. É, também, um drama real encontrado muitas vezes na história da humanidade. Basta olhar a extração do marfim na África, que dizima a população de elefantes para o enriquecimento de algumas pessoas. Ou a corrida do ouro na Floresta Amazônica, envolvendo homens e mulheres que arriscam a vida e destroem a floresta movidos pelo sonho de enriquecer rápido, embora poucos consigam alguma coisa.

Nos dias de hoje a maioria das pessoas não sai à caça de tesouros, mas muitas querem ter mais do que realmente precisam. Do que você precisa? E de quanto você precisa para viver e ser feliz?

[4] ADN revela que quase toda a caça aos elefantes ocorre em duas regiões da África. Disponível em: <http://www.publico.pt/ciencia/noticia/adn-revela-que-quase-toda-a-caca-aos-elefantes-ocorre-em-duas-regioes-de-africa-1699410> Acesso em: 15 nov.2015.

[5] A perigosa corrida do ouro na Floresta Amazônica. Disponível em: <http://globotv.globo.com/globo-news/cida des-e-solucoes/v/cida des-e-solucoes-a-perigosa-corrida-do-ouro-na-flor esta-amazonica/3745823/> Acesso em: 28 ago.2015.

LIGADOS na Palavra

Às vezes, ficamos tão preocupados com aquilo que pensamos ser essencial para nós que deixamos de lado outras coisas, como se fossem menos importantes. Jesus contou uma parábola que descreve bem esse comportamento humano.

Proclamação da Palavra – Lc 12,13-21.

No início desta passagem do Evangelho, Jesus não aceita tomar partido na discussão que lhe é apresentada e faz uma advertência: "... a vida não está no que se possui" (Lc 12,15). Na sequência, Ele apresenta uma parábola sobre a atitude do homem que, diante dos bens materiais, se esquece do que é essencial e, de fato, lhe dá vida plena.

Que característica do homem da parábola contada por Jesus é mostrada em cada imagem?

shutterstock

shutterstock

O agricultor da parábola representa quem só pensa em acumular bens e ganhar dinheiro e dá mais valor às coisas do que às pessoas, busca autoafirmação pelo que veste ou pelo que possui e deixa em segundo plano família, amigos e até mesmo Deus. Mas, Jesus mostra que uma vida assim não tem sentido: aos olhos de Deus, aquele homem é um insensato.

O que você pensa sobre isso?

Essa parábola não é dirigida apenas a quem possui muitos bens. Você concorda com isso? Por quê?

____

____

____

Quais as consequências disso nas relações entre as pessoas?

____

____

____

____

Quando a maior preocupação de uma pessoa é com o que tem e quando os seus bens se tornam mais importantes e valiosos do que a sua própria vida ou das outras pessoas, ela se torna insensível ao outro.

"...a vida não está no que se possui." (Lc 12,15)

E aí, qual é?

Jesus nos ensina que a vida de uma pessoa não pode ser medida pela quantidade de bens acumulados, por sua riqueza ou pela imagem que quer transmitir.

Você está convencido disso? O que faz você pensar assim?

Bora RESPONDER

À luz da parábola de Jesus, somos chamados a pensar sobre nossas prioridades na vida e o modo como nos relacionamos com os bens materiais.

Quando o assunto envolve questões da política e da economia, devemos deixar de lado o Evangelho ou ser suas testemunhas?

Quantas pessoas se esquecem de dedicar tempo para as pessoas que amam porque é mais importante ter dinheiro?

Quantas pessoas renunciam à honestidade para viver de aparência?

São mais felizes assim?

Podemos, com tranquilidade, comprar produtos que são fabricados com trabalho escravo?

Devemos ser indiferentes diante do enriquecimento de empresários que exploram seus empregados?

O que Jesus diria aos poderosos do nosso mundo, políticos e empresários?

E nós, o que podemos fazer?

Os adolescentes cada vez mais têm se revelado capazes de provocar importantes mudanças sociais.

A partir das informações apresentadas pelo seu catequista, reflita sobre uma das importantes influências dos adolescentes na educação na cidade de São Paulo.

Nossos protestos em relação ao que consideramos injusto precisam também revelar a ética cristã, sendo indispensável prezar pela paz. É sempre importante lembrar que cada uma das nossas atitudes revela quais são nossas prioridades. Jesus nos ensina que em primeiro lugar deve estar o relacionamento que construímos com as pessoas que nos cercam.

Escreva, a partir do que foi refletido, sua própria receita para a felicidade respondendo as perguntas: o que, afinal, é a verdadeira riqueza em nossa vida? O que é preciso saber e exercitar para ser realmente feliz?

Senhor, escuta a minha voz!

Senhor Deus, que eu seja capaz de compreender que a verdadeira riqueza está em...

CRISTÃO de *Prática*

Quem muito se preocupa em ter coisas, acumular bens e ficar rico torna-se orgulhoso e autossuficiente, deixa de se preocupar com os outros e de compartilhar o que tem com quem mais precisa. Assim percorre um caminho que o torna incapaz de amar as pessoas.

Essa semana o grupo irá preparar um "mutirão do desapego". Cada um dará aquilo que é seu: roupas, livros, brinquedos e outros. Cada um terá uma responsabilidade. Tudo o que for conseguido será distribuído entre famílias carentes ou entregues a uma instituição carente. Mexa-se, envolva-se, convide, convença! Ao final, faça uma pequena descrição de como foi organizado o mutirão e, também, registre como foi sua participação e seus sentimentos nessa experiência.

shutterstock

Cuidar do nosso relacionamento com as pessoas é o caminho para construir um vínculo de confiança, lealdade, fidelidade e respeito.

11 CRESCER NA CAPACIDADE DE RELACIONAR-SE

As pessoas são muito importantes em nossa vida. Elas nos estimulam a pensar, contribuem para formar a maneira como enxergamos o mundo e nos ensinam que somos todos dependentes uns dos outros. Ao mesmo tempo em que nos ajudam a conhecer mais de nós mesmos, nesses relacionamentos conseguimos enxergar nossas limitações e qualidades; eles nos ajudam a nos tornarmos pessoas melhores.

Bora PENSAR

Todos nós nos relacionamos com muitas pessoas e com cada uma criamos laços que nos aproximam e sustentam o relacionamento. E quando temos intimidade, mostramos abertamente o que somos, queremos e sentimos.

Como você se vê nos seus relacionamentos?

Observe as imagens e reflita.

O que você faz para manter bons relacionamentos e estar próximo das pessoas de quem gosta?

____

____

____

____

LIGADOS na Palavra

Cuidar do nosso relacionamento com as pessoas é o caminho para construir um vínculo de confiança, lealdade, fidelidade e respeito. Da mesma forma, cuidar do nosso relacionamento com Jesus faz toda a diferença!

Jesus está sempre presente ao nosso lado, não desiste e não nos abandona. Ele quer manter uma relação muito especial com cada um de nós.

Para você, como podemos ter um relacionamento próximo com Jesus? Responda com uma história em quadrinhos.

Proclamação da Palavra – Mc 14,3-9.

Essa passagem do evangelista Marcos nos leva a pensar sobre nossa relação com Jesus. Leia mais uma vez o texto e preste atenção nas atitudes dos personagens: a mulher com o frasco de perfume, as pessoas que estavam na casa de Simão, Jesus. O que você pensa sobre as atitudes da mulher e das pessoas na casa?

Compare essas atitudes e complete o quadro.

A mulher	As pessoas na casa
Foi ousada e não se preocupou com o valor do perfume que derramou sobre Jesus.	
	Por ser um artigo caro, acharam que o perfume poderia ser vendido para que o dinheiro fosse dado aos pobres. Por isso, colocaram acima da presença de Jesus outros interesses e não entenderam a atitude da mulher em relação a Jesus.

E Jesus como reage?

"Deixai-a em paz! Por que a incomodais? Ela fez uma boa ação para comigo" (Mc 14,6). Com essas palavras, Ele reconhece que a mulher buscou estar perto do seu Senhor. Ele honra a mulher e dá alívio ao seu coração.

O que a atitude dessa mulher ensina a você?

Bora PENSAR

Um relacionamento íntimo só pode ser vivido com alguém que conhecemos profundamente, através da convivência, do tempo compartilhado e das conversas. Só podemos ser íntimos de quem também deseja cultivar um relacionamento conosco, revelando seus pensamentos e sentimentos.

Entre nós e Jesus não é diferente. Ele quer entrar em nossa vida para ter conosco uma bela amizade, cheia de intimidade, e nos confiou sua Palavra, seus mistérios e mandamentos. Jesus espera que conversemos com Ele contando nossas tristezas e alegrias, o que nos preocupa e o que nos anima.

Complete o parágrafo com as palavras que encontrar.

C	T	Y	U	I	O	P	M	N	O	F	D	G	S
O	W	R	R	N	T	Y	J	K	B	N	B	U	I
R	H	G	J	T	H	J	H	Y	R	U	T	P	N
A	D	E	C	I	S	Ã	O	R	I	A	H	Ç	C
Ç	G	J	G	M	J	G	H	A	G	R	U	M	E
Ã	T	R	A	I	R	J	R	S	A	I	O	N	R
O	J	T	H	D	A	G	H	Y	Ç	E	P	B	A
C	O	M	P	A	N	H	I	A	Ã	D	G	V	J
T	C	U	I	D	A	N	D	O	O	A	B	C	G
A	R	Y	A	E	Y	T	R	G	J	D	H	X	I
T	A	T	H	T	H	J	S	Y	T	R	U	Z	G
R	E	L	A	C	I	O	N	A	M	E	N	T	O
S	R	S	B	S	Y	J	R	Y	H	V	T	D	S

Cabe a nós decidir se queremos ter essa ____________ com Jesus, fortalecendo e ____________________ diariamente do nosso __________________ com Ele. Essa nossa ____________________ tem que ser ____________________ e ________________________, porque ninguém quer alguém ao seu lado por __________________. Nem Jesus quer nossa ________________ se não for de ________________!

Atitudes que a Bíblia ensina:

Agradecer
Conhecer a Palavra
Orar Caridade
Obediência Cultivar
Sinceridade Participar
Confiar

Essas atitudes nos ajudam a ter mais intimidade com Jesus? Como?

"Ela fez o que pôde." (Mc 14,8a)

Um relacionamento de intimidade com Jesus se constrói como qualquer outro: dedicando-se a conhecer e deixar-se conhecer por alguém. Envolve tempo e interação.

Vamos descobrir o quanto já nos conhecemos no grupo de perseverança? Quanto temos de intimidade uns com os outros?

Para isso, responda as seguintes questões:

Qual é o seu alimento favorito?

Qual é o estilo de música que você gosta?

O que gosta de fazer em seu lazer?

Qual é a sua cor favorita?

Qual é sua melhor habilidade?

Agora, em duplas, tente adivinhar as respostas do seu colega. Escreva-as na folha que o catequista lhe entregar. Depois, troquem as folhas para ver se acertaram.

Para conhecer bem uma pessoa é preciso dedicar tempo e atenção a ela. Somente assim podemos identificar o que fazer para nos relacionarmos bem com ela.

Com a ajuda do seu catequista, conheça o exemplo de Wanderleia Farias, a editora que fez o que estava ao seu alcance pelo bebê Gabriel que nasceu sem braços e pernas. Depois, considerando sua resposta à última pergunta (*Qual é a sua melhor habilidade?*), responda:

Como colocar sua melhor habilidade a serviço das pessoas?

Em todos os relacionamentos as pessoas procuram se conhecer cada vez mais. Os momentos compartilhados são sinal do valor que cada uma tem para a outra. A mulher que derramou perfume sobre Jesus encontrou uma maneira própria de estar perto e demonstrar seu amor. Seu gesto inesperado foi sua maneira de cuidar da sua relação com Jesus.

Essa semana você vai procurar seu jeito próprio de estar perto de Jesus. Lembre-se de que para Ele o importante é a qualidade, e não a quantidade. Descreva esse seu jeito de ficar perto de Jesus e compartilhe no próximo encontro com seu grupo.

Senhor, escuta a minha voz!

Sl 33(34),2-5.9

R. Provai e vede como o Senhor é bom!

2 Bendirei o Senhor em todo tempo, o seu louvor estará sempre nos meus lábios.

3 A minha alma gloria-se no Senhor; escutem-me os humildes e se alegrem:

4 Engrandecei comigo o Senhor e exaltemos juntos o seu nome!

R. Provai e vede como o Senhor é bom!

5 Procurei o Senhor e ele me respondeu; livrou-me de todos os meus temores.

9 Provai e vede como o Senhor é bom; feliz o homem que nele se refugia.

R. Provai e vede como o Senhor é bom!

shutterstock

Não basta saber e crer que Deus existe e é bom. É preciso avançar e dar passos para aderir de coração e viver essa verdade.

12 O DESAFIO DE VIVER A NOSSA FÉ

A fé é um dom de Deus que recebemos no nosso Batismo e cabe a nós procurar crescer na fé para, fortalecidos, produzirmos boas obras. Mas viver a nossa fé nem sempre é fácil.

Marcelo e Cristina são amigos há muitos anos e compartilham o gosto pela música. Resolveram, então, aprender a tocar algum instrumento. Cristina escolheu a guitarra e Marcelo, a bateria. Seus pais conseguiram comprar os instrumentos e matricularam os filhos na escola de música. Cristina, muito empenhada em aprender, vai sempre às aulas e treina diariamente em casa. Já o Marcelo não perde uma única aula, mas, em casa, nem olha para a bateria.

- O que você pensa sobre a atitude do Marcelo?
- Suas atitudes são mais parecidas com a do Marcelo ou da Cristina? Por quê?

LIGADOS na Palavra

Vamos ler o Evangelho e descobrir como ele nos ajuda a refletir sobre a atitude do Marcelo e as nossas atitudes.

Proclamação da Palavra – Mt 7,21-23.

Esse Evangelho nos faz pensar sobre o que é ser um bom cristão.

Para você, o que é ser um bom cristão?

Jesus chama nossa atenção para quem invoca o nome do Senhor para tudo, mas não contribui para que o Reino de Deus cresça entre nós e nem coloca em prática os seus ensinamentos. Ele quer nos ensinar que apenas ouvir a sua Palavra e dizer que acreditamos não basta: é preciso viver o Evangelho.

Jesus quer coerência entre o que falamos e o que fazemos. Coerência é conexão, é união de uma coisa a outra.

Como você relaciona as atitudes do Marcelo e da Cristina – personagens da história – com o nosso comportamento cristão?

Quem reduz a vivência da fé a rezar e participar de algumas coisas na Igreja, sem levá-la a todas as dimensões da vida, mostra que ainda não entendeu o que Jesus nos pede e um dia poderá ouvir "nunca vos conheci..." (cf. Mt 7,23). Esse é o sentido das palavras do apóstolo Paulo ao afirmar que o Reino de Deus não é feito de palavras, mas de ações (cf. 1Cor 4,20).

Todos nós temos tarefas para fazer, horários a cumprir e vários compromissos, mas sempre podemos colocar o outro em primeiro lugar. Precisamos falar menos e fazer mais, porque Deus pede atitudes concretas e não palavras sem qualquer compromisso.

Falar menos e fazer mais: o que você pensa sobre essa ideia? E fazer o quê?

Muitas vezes, por exemplo, reclamamos da corrupção sem assumir que, no dia a dia, expressamos atitudes corruptas. Essa incoerência entre o que falamos e fazemos prejudica a prática dos valores que Jesus ensina e a construção de um mundo melhor para todos.

Assista ao vídeo que o seu catequista apresentará e reflita.

Imagine-se na seguinte situação:

Aquele rapaz, que mal olha para os lados, acabou de furar a fila. E você estava há quarenta minutos aguardando ser atendido. Você engole em seco, sente o coração disparar em ultraje, mas ignora. O que serão mais dez minutos com ele à sua frente? Melhor do que fazer um escândalo e correr o risco de ser convidado a se retirar do local pelo segurança. Isso porque você sabe, ao longo de sua história de vida, que pouco ou nada adiantou lutar pelos seus próprios direitos em outros momentos. Pouco ou nada adiantou exigir do garoto maior do que você, aos 6 anos, que não roubasse seu brinquedo. Ele zombou da sua valentia e o transformou no foco de deboche. Pouco ou nada adiantou pedir educadamente a alguém que não o incomodasse, pois sua gentileza foi interpretada como fraqueza e essa pessoa parece se divertir com a sua diplomacia. Você encara o rapaz que está notavelmente confortável à sua frente e silenciosamente se pergunta: **por que adiantaria agora?**

Como você poderia reagir a essa situação de modo educado?

Como demonstramos coerência em nossa vida cristã?

____

____

____

____

____

____

____

____

____

Bora PENSAR

Juntos, os que são fiéis à Palavra de Jesus têm uma grande obra a realizar: construir um mundo justo e fraterno. Quando assumimos de fato nossos compromissos cristãos ajudamos a construir o mundo tão desejado por Deus, somos seus colaboradores. Por isso Jesus diz que entrarão no Reino dos céus aqueles que, com suas ações, cumprirem a vontade do Pai.

Você já reparou que algumas pessoas se sentem incomodadas com a proposta de vida feita por Jesus? Por que isso acontece?

Em duplas, converse sobre quais atitudes são importantes para revelar seu compromisso cristão nos seus diferentes ambientes de convivência. Escreva nas ilustrações.

COM OS AMIGOS

NA ESCOLA

COM OS ANIMAIS

EM FAMÍLIA

NA COMUNIDADE

COM A NATUREZA

"...quem fizer a vontade de meu Pai." (Mt 7,21b)

E aí, qual é?

Tudo o que aprendemos na catequese, nas celebrações e na leitura da Palavra de Deus nos ajuda a crescer na fé e deve estar presente no nosso dia a dia; dessa maneira, descobrimos que não basta crer no coração e na mente, mas devemos demonstrar nossa fé ao mundo.

Aquilo que Deus deseja comunicar às pessoas com as quais nos relacionamos precisa estar escrito em nós, bem visível. Isso é o testemunho cristão. Testemunhar é mostrar com convicção uma experiência feita. O nosso testemunho pessoal é a grande demonstração de que temos fé em Jesus e somos seus seguidores.

> **SOMOS CHAMADOS A SER UMA CARTA VIVA DE CRISTO PARA O MUNDO**
> (cf. 2Cor 3,3)

O que significa ser uma carta viva de Cristo para o mundo?

O que o Evangelho faz em nossas vidas é que fica visível e alcança outras pessoas. Por isso Madre Teresa de Calcutá disse: "Tome cuidado com sua vida, pois ela pode ser o único Evangelho que seu irmão lê"[6]. Que responsabilidade!

Fique atento às orientações do catequista, pense e converse sobre as ocasiões em que podemos fazer a diferença como cristãos e... mãos à obra!

CRISTÃO de Prática

Não basta saber e crer que Deus existe e é bom. É preciso avançar e dar passos para aderir de coração e viver essa verdade. Essa semana você é chamado a comprometer-se concretamente com a Palavra de Deus, mostrando na prática a sua fé. Pense sobre o seu dia a dia e descubra onde e como você pode ser uma carta viva de Cristo, uma carta aberta (na qual todos podem ler os princípios cristãos), legível (com uma conduta que faz sentido, coerente) e com boas notícias (o amor e a paz que vêm de Deus). Não tenha medo nem vergonha, faça diferente, seja cristão de verdade! E lembre-se de que só se torna um grande instrumentista quem muito pratica!

Senhor, escuta a minha voz!

Paizinho querido, eu sei que vós me escolhestes e que tens um plano para a minha vida. Olhastes para mim e me chamastes para ser vosso filho, dar testemunho de vós, imitar Jesus, vosso Filho e meu irmão, ajudar as pessoas necessitadas e em tudo agir com sabedoria. Vejo tanta coisa por fazer! Preciso da vossa ajuda para manter-me firme na fé. Ensinai-me o caminho que devo seguir, as palavras que devo dizer e mostrai-me como agir. Que o vosso Espírito Santo me conduza, livrando-me de todo mal. Amém.

6 O testemunho convence. Ou: seja um "Evangelho ambulante". Disponível em: http://fazeioqueelevosdisser.blogspot.com.br/2011/03/o-testemunho-convence-ou-seja-um.html> Acesso em: 24 set.2015.

shutterstock

"Senhor, eu não sou digno de que entreis em minha morada, mas dizei uma palavra e serei salvo" (cf. Mt 8,8).

13 É ASSIM A MINHA FÉ

A fé é uma experiência de amor, é nossa resposta ao amor de Deus que nos orienta para uma vida segura. Pela fé podemos enxergar melhor o que está ao nosso redor e, confiantes, nós nos entregamos nas mãos do Senhor.

Bora RECORDAR

Todos nós guardamos lembranças de quando éramos pequenos. Entre elas estão pessoas que, de alguma maneira, deixaram marcas em nós.

Quais as pessoas que foram seus primeiros exemplos de fé? Como elas demonstravam a fé?

LIGADOS na Palavra

Quando brincava com seus amigos, Heitor, distraído, escorregou e caiu em um lugar de difícil acesso. Depois de muitas tentativas para subir, sem sucesso, Heitor pediu que seus amigos trouxessem uma corda e disse: "Chamem meu pai, eu sei que ele tem força, eu subo se ele estiver segurando a corda".

O que você pensa sobre a atitude do Heitor?

O que deve ter motivado Heitor a querer que seu pai segurasse a corda para puxá-lo?

Proclamação da Palavra – Mt 8,1-10.

Compare as atitudes do Heitor em relação a seu pai com a do centurião romano em relação a Jesus. O que elas têm em comum?

Jesus é surpreendido pela atitude de um pagão, oficial militar romano, acostumado a ser obedecido por seus soldados, e que pouco (ou nada) conhecia da Palavra de Deus.

shutterstock

O centurião pede que Jesus cure seu servo, deixando-o admirado por não ter recorrido aos deuses romanos ou gregos, em quem havia aprendido a confiar, e por agir movido pelo amor e pelo cuidado com seu servo. Jesus admira-se, também, pela humildade desse homem que, como importante militar romano, poderia ter exigido a cura do seu empregado, mas reconhece-se pequeno diante Dele (Mt 8,8a).

Jesus ficaria admirado com sua fé? Por quê?

A fé na autoridade e no poder de Jesus leva o centurião a crer que não seria necessário o contato físico e nem mesmo a presença de Jesus junto ao seu servo para acontecer a cura. Ele apenas queria uma Palavra de Jesus, e confiava que isso salvaria seu empregado.

É essa manifestação tão expressiva da fé do centurião que repetimos em todas as missas, antes de nos aproximarmos para receber a comunhão. Ao dizermos *"Senhor, eu não sou digno de que entreis em minha morada, mas dizei uma palavra e serei salvo"*, como o oficial romano, dizemos confiar plenamente na força da Palavra de Jesus.

shutterstock

"Senhor, eu não sou digno de que entreis em minha casa." (cf. Mt 8,8a)

A passagem bíblica do centurião romano nos desafia a pensar sobre a nossa fé. Ele é um exemplo de como agir movido por uma fé verdadeira: acreditou primeiro, não esperou a cura do seu servo para só depois ter fé em Jesus. Ele nos ensina que nossa fé cristã é sempre um convite a crer no que não é aparente, pois crer em Deus é crer no invisível.

Ver além das aparências

A atitude de ver para crer, infelizmente, influencia as pessoas em outras áreas da vida além da fé. Há quem não consegue ver além das aparências e julga as pessoas pelo modo como se vestem.

Assista ao vídeo que seu catequista apresentará e reflita.

Nosso Deus quer se fazer conhecido por todos nós. E só quando nos aproximamos e buscamos sua companhia Ele se revela a nós. É como nossa relação com as pessoas: quanto mais convivemos, mais as conhecemos.

shutterstock

Converse com seu grupo e, depois, escreva como entende essa afirmação:

Só quando nos aproximamos de Deus e buscamos sua companhia Ele se revela a nós.

Crer para ver

Você e seu grupo serão autores de uma história intitulada *Crer para ver*, dirigida às crianças que começam a caminhada na catequese, mostrando pessoas de fé como o centurião.

Pense sobre tudo o que aprendeu e siga as orientações do catequista para ajudar a escrever essa história.

CRISTÃO de *Prática*

Ter fé é enxergar o essencial, olhar com o coração, lugar da fé. Para isso, precisamos abandonar a autossuficiência e educar nosso olhar; precisamos nos voltar para Deus inteiramente e nos entregar, confiantes, à sua vontade e à sua misericórdia. Esta semana você vai ser desafiado a ser como o centurião romano: olhar com os olhos do coração e enxergar Deus, abandonando-se confiante em suas mãos.

Crie uma imagem com palavras que descrevem os sentimentos que essa experiência despertou em você e compartilhe com seu grupo no próximo encontro.

Senhor, escuta a minha voz!

Façamos nossas preces espontâneas, agradecendo a Deus o dom da fé que recebemos em nosso Batismo e pedindo:

Creio, Senhor, mas aumentai minha fé!

shutterstock

As aves não semeiam, não colhem nem armazenam seu alimento, mas Deus as sustenta. Por isso, podemos confiar no Deus da vida, pois Ele provê o necessário para cada um.

14 CONFIAR NO DEUS DA VIDA

Deus cuida de cada um de nós. Por isso, sempre que estivermos nos dedicando a qualquer atividade ou enfrentando alguma dificuldade, não devemos esquecer: nunca estamos sozinhos. Ele nos acompanha, guia e fortalece.

Bora PENSAR

Nossos dias são sempre cheios de atividades que envolvem escola, compromissos familiares e sociais, decisões sobre o que fazer, quando e como fazer, planos que queremos que se tornem realidades, pessoas a quem queremos impressionar e muitas outras coisas.

Todo novo dia chega carregado de possibilidades que podem provocar em nós preocupação.

Forme uma dupla com um colega para ler o texto, depois conversem e respondam as questões.

Todos os dias a cena se repetia: Marcos caminhava encurvado, com o passo acelerado, fisionomia demonstrando apreensão e cansaço. Seus colegas mais próximos decidiram conversar com ele, pois estranhavam seu comportamento e estavam preocupados.

– Marcos, o que está acontecendo? – perguntou Felipe. – Faz tempo que não conversamos...

– Ah, ando muito preocupado! Não consigo me livrar das preocupações!

– Mas o que o preocupa tanto, Marcos? – quis saber Ana. – Conte, quem sabe podemos ajudar você?

Marcos ficou uns instantes em silêncio e, em seguida, disse:

– Bem, uma das minhas preocupações era a prova de ontem. A matéria era bem difícil, tive muita dificuldade para estudar.

– Então, dessa preocupação você já se livrou: a prova foi ontem, Marcos!

– É... mas também estou muito preocupado com o que terei que fazer amanhã. É muita coisa para estudar, preciso me decidir sobre minha festa de aniversário, e ainda estou no campeonato de ginástica. Não consigo parar de pensar em tudo isso...

– Sabe, Marcos – disse Ana –, quem fica muito preocupado com as coisas de ontem e de amanhã esquece de viver o dia de hoje. Por isso você anda como se carregasse um peso enorme! Se você se organizar e confiar que é capaz de fazer o que é preciso, vai se sentir diferente.

– É isso – disse Felipe. – Se não se preocupar tanto assim com o que vai acontecer ou com o que já aconteceu, vai poder aproveitar cada dia. E ainda vai voltar a conversar com seus amigos, não é?

Agora, converse com seu colega e responda:

O que preocupa você em relação à sua vida?

Você concorda que a preocupação exagerada com tudo prejudica nossa vida? Como?

Nossas preocupações podem afetar nossa vivência da fé? Por quê?

LIGADOS na Palavra

O que Jesus disse sobre nossas preocupações?

Jesus conhece bem as necessidades e os sentimentos humanos. Por isso, Ele fala com autoridade sobre preocupações e prioridades, e mostra sinais claros de que Deus cuida sempre da nossa vida. Basta enxergarmos esses sinais e acreditarmos, porque Deus não muda: Ele diz e faz o que diz!

Proclamação da Palavra – Lc 12,22-34.

Jesus diz que não precisamos viver tão sufocados por preocupações e incertezas e nos dá dois grandes ensinamentos: confiar inteiramente na providência divina e colaborar com o Reino de Deus. Tudo o que fazemos para conseguir aquilo que é importante para nós tem muito valor, mas devemos dar atenção ao Reino de Deus.

Em suas palavras, Jesus usa duas belas imagens: os pássaros do céu e os lírios do campo. Se Deus cuida deles, como não cuidaria de nós, seus filhos e filhas amados? As aves não semeiam, não colhem nem armazenam seu alimento, mas Deus as sustenta. Por isso, podemos confiar no Deus da vida, pois Ele provê o necessário para cada um.

É importante compreender que, se levarmos ao pé da letra as palavras de Jesus, estaremos negando todo o nosso esforço e nosso trabalho para vivermos bem e conseguirmos o que achamos necessário. Acreditar na providência de Deus significa acreditar que Ele cuida de cada um de nós e nos dá os recursos para atendermos às nossas necessidades.

Quando enfrentamos uma dificuldade, é comum sentirmos medo de não conseguir superá-la, de não alcançar os resultados pelos quais nos esforçamos ou de que a situação possa vir a piorar. **Vejamos alguns exemplos:**

Estudamos para uma prova difícil e, de um modo quase injusto, não alcançamos a média bimestral.

shutterstock

shutterstock

Escolhemos qual profissão seguir, mas não sabemos se seremos felizes nela.

Treinamos para nos aproximarmos de alguém de quem gostamos e para falar as palavras certas, mas gaguejamos.

shutterstock

Quando alguém querido adoece e o vemos ficar fraco e sofrer, torcemos por sua recuperação, mas... tememos a inevitável morte.

shutterstock

A vida é incerta e Deus nos diz que não devemos nos preocupar?

Parece uma tarefa impossível... e, de fato, é. Crer na providência divina não significa deixar de se preocupar com as circunstâncias. Significa saber que não estaremos sozinhos ao enfrentá-las; que Ele nos manterá fortes para fazer o que é preciso; que sua promessa de vida abundante envolve nossa dedicação pessoal para construí-la.

Deus sabe do que somos capazes mais do que nós mesmos sabemos.

Seu catequista apresentará uma situação-problema que pode levar muitos adolescentes a se sentirem sozinhos, sem conseguir reconhecer que Deus os ampara e fortalece para que possam enfrentá-la.

Reflita sobre ela e, depois, registre em uma frase o que aprendeu para sua vida.

Em dupla, produza um texto com uma personagem que, enfrentando alguma situação difícil, se sente fortalecida pela fé no momento de tomar uma importante decisão.

Deus cuida de nós, nos ampara e nos anima, mas não trabalha em nosso lugar. Ao contrário, Ele espera que façamos a nossa parte, sendo seus parceiros na busca por uma vida melhor para todos. Nós temos responsabilidade para com nossa vida e com a vida de todas as pessoas. Por isso Jesus diz "buscai primeiro", e não "buscai apenas", o Reino de Deus, reconhecendo o valor de nossa luta por uma vida digna e feliz. Claro que devemos procurar condições melhores de vida, estudar, trabalhar, lutar pelos direitos sociais – como moradia, saúde e alimentação. Parecemos pequenos e sem forças diante do mundo, mas, confiando no Senhor, não desanimamos e nos empenhamos em ouvir Jesus: "buscai primeiro o Reino...".

"Não tenhais medo, pequeno rebanho..." (Lc 12,32a)

E aí, qual é?

Quando somos jovens e queremos começar a realizar nossos planos e sonhos, sempre estamos em busca de algo. Jesus afirma que não devemos viver preocupados.

Que atitudes tem quem confia realmente em Deus?

shutterstock

Preocupados demais com o que pode acontecer corremos o risco de deixar de lado a vida simples, a conversa em casa, o encontro tranquilo com os amigos, a ajuda a alguém. Preocupados com tantas coisas, estamos sempre apressados e queremos que tudo aconteça logo. Preocupados demais deixamos de perceber a presença de Deus em nossa vida e esquecemos até mesmo de confiar Nele. Esquecemos que confiar na providência de Deus é saber esperar!

Assista ao vídeo que seu catequista apresentará e reflita. Depois, escreva abaixo momentos de espera (curtos e longos) que valeram/valem a pena.

Para qualquer pessoa	Para você

CRISTÃO de *Prática*

Todos nós temos um trabalho a fazer pelo Reino, porque Deus espera nossa colaboração.

Você é convidado a fazer com seu grupo de perseverança um vídeo – ou uma dramatização – apresentando situações ou propostas para nosso agir pelo Reino. Escolha com seu grupo um título bem sugestivo e não esqueça que o mais importante é a mensagem que vocês querem deixar.

Senhor, escuta a minha voz!

Juntos, rezemos a Oração pela paz, de São Francisco de Assis. Que em nossos corações esteja sempre renovada a vontade de fazermos a diferença no mundo como instrumentos de Deus Pai!

Senhor! Fazei de mim um instrumento da vossa paz.
Onde houver ódio, que eu leve o amor.
Onde houver ofensa, que eu leve o perdão.
Onde houver discórdia, que eu leve a união.
Onde houver dúvidas, que eu leve a fé.
Onde houver erro, que eu leve a verdade.
Onde houver desespero, que eu leve a esperança.
Onde houver tristeza, que eu leve a alegria.
Onde houver trevas, que eu leve a luz.
Ó Mestre, fazei que eu procure mais:
consolar, que ser consolado;
compreender, que ser compreendido;
amar, que ser amado.
Pois é dando que se recebe.
É perdoando que se é perdoado.
E é morrendo que se vive para a vida eterna.

shutterstock

Olha para mim, Jesus! Vê o bom e o mau que existe em mim e dá-me força, coragem e alegria para assumir a missão que me deste.

15 A MISSÃO NÃO É FÁCIL, MAS VALE A PENA

Uma das mais famosas trilhas na cidade do Rio de Janeiro leva ao topo de uma montanha de onde se tem uma vista dos principais cartões-postais da cidade. O motivo que leva tantas pessoas a percorrer essa trilha, às vezes até com dificuldade, e se deixarem ficar no alto da montanha é simples: a vista da cidade lá do alto é tão bonita que vale a pena o esforço!

shutterstock

Você já percorreu alguma trilha para subir uma montanha?
O que o levou a fazer isso?

Nossa vida cristã é como subir uma montanha. No caminho encontramos pedras, terreno escorregadio, solo firme, raízes que ajudam nos trechos mais íngremes, flores e sombras, talvez fontes de água pura.

E o que nos espera lá no alto da montanha? Temos que subir para descobrir. Mas, enquanto subimos, já temos pequenas visões do que veremos do alto!

shutterstock

LIGADOS na Palavra

O Reino de Deus é o seu projeto para nós e deve ser construído no dia a dia por todos, porque Jesus disse: "Eu vim para que tenham vida, e a tenham em abundância" (Jo 10,10). Esse é o recado de Deus para os homens de todos os tempos.

Proclamação da Palavra – Mc 6,7-13.

É a primeira missão dos apóstolos e Jesus lhes diz: nada de fazer grandes sermões nem falar para causar admiração em quem os escutar. Simplesmente devem anunciar que o Reino de Deus está próximo, o Reino do Amor. Com esta tarefa e cheios de confiança no Senhor, os apóstolos saem para percorrer os povoados.

Ao enviar seus discípulos dois a dois, Jesus diz que o anúncio do Reino não é uma tarefa pessoal, mas de uma comunidade, e indica o valor de nos ajudarmos uns aos outros.

Para que os doze realizem a missão que receberam, Jesus lhes dá algumas recomendações. Ouça seu catequista, converse com o grupo e escreva ao lado de cada uma delas o seu significado.

não levar nada pelo caminho

andar de sandálias

sacudir a poeira dos pés quando forem mal recebidos

Os apóstolos expulsavam espíritos imundos e curavam enfermos para que as pessoas acreditassem na mensagem do Reino. As doenças e os espíritos maus representam aquilo que se opõe à realização do Reino.

Nos dias atuais, como fazer as pessoas acreditarem na proposta de Jesus?

"Ele chamou os Doze..." (cf. Mc 6,7)

Bora COMPARAR

Os doze se dirigiram aos marginalizados pela sociedade. É a maneira de Jesus ensinar que não podemos amar a Deus sem amar o próximo e que devemos sempre procurar fazer o bem a todos.

Desde 2011 a guerra na Síria já matou mais de 240 mil pessoas no país, sendo 12 mil crianças. Isto fez com que milhões de sírios abandonassem o seu país. Abboud, filho de um casal de sírios refugiados e recém-chegados a Belo Horizonte, nasceu e logo se tornou o centro de uma rede de solidariedade. Centenas de pessoas doaram roupas, alimentos, brinquedos e muitas outras coisas importantes para quem recomeça a vida em um país distante. Muitas outras pessoas também se prontificaram a ajudar com seu trabalho.

Ao saber do nascimento do pequeno Abboud, Joyce, de 28 anos, criou um evento no Facebook para convidar os amigos a ajudar os sírios que chegavam à cidade mineira; bem depressa, já eram mais de 60 mil pessoas envolvidas no acolhimento e na ajuda para que os refugiados possam reconstruir suas vidas no Brasil. Sara, estudante de Pedagogia, foi oferecer-se para cuidar das crianças. A psicóloga Iara pediu ajuda aos colegas de escola, pois muitos são médicos e, entre os refugiados, muitos precisam de atendimento; ela mesma encarregou-se de fazer uma primeira triagem, para ver o que era necessário em cada caso. A médica Jaqueline, ex-colega da Iara, juntou-se a ela e acionou seus grupos no WhatsApp com outros médicos, e muitos já se comprometeram a colaborar. A ajuda vem de muitos lados e de muitas crenças. A comunidade judaica mobilizou-se e fez doações: "Independentemente da etnia e da origem religiosa, podemos ser amigos", disse o rabino.

Os pais de Abboud esperam encontrar emprego e garantir um futuro melhor para o filho recém-nascido: "queremos que nosso filho viva em um ambiente de paz".

Adaptação: População faz fila para entregar doações a refugiados sírios em BH. Disponível em: <http://www.em.com.br/app/noticia/gerais/2015/09/18/interna_gerais,689547/populacao-faz-fila-para-entregar-doacoes-a-refugiados-sirios-em-bh.shtml> Acesso em: 20 out. 2015.

Não podemos ficar acomodados. Nosso coração tem que doer e nossa consciência tem que nos questionar por cada vez que descobrimos uma pessoa sendo explorada, marginalizada, impedida de viver em sua dignidade. É para isso que Jesus nos chama.

Como você responde a esse chamado?

Acolher as pessoas nem sempre é fácil, muitas vezes nossas atitudes esbarram em preconceitos.

Acompanhe o testemunho do Pe. Fábio de Melo ao confessar seu encontro com uma travesti, com quem tirou foto.

REFLITA

Quando assumimos o compromisso cristão, assumimos a missão de expressar em atitudes e palavras os ensinamentos que Jesus nos deixou. No seu relato, o Pe. Fábio de Melo fez uma confissão de um preconceito pessoal que o fez sentir-se envergonhado. Apesar do constrangimento, no entanto, ele não rejeitou a aproximação da travesti e, com humildade, reconheceu seu erro. Algumas vezes, nos sentiremos como ele, tímidos ou receosos diante de quem nos é diferente, mas o importante é não permitir que essas emoções nos impeçam de dedicar ao próximo o amor e o respeito que merece.

Considerando o exemplo das pessoas que ajudaram os refugiados e do Pe. Fábio de Melo, em grupo, produza um *folder* apresentando o que é ser um cristão comprometido com os ensinamentos de Jesus nos dias de hoje.

Bora PENSAR

Hoje nós somos chamados a seguir os passos de Jesus para transformar nossa vida e o mundo à nossa volta.

Mas o anúncio do Reino nem sempre é compreendido, porque respeito, solidariedade, desprendimento e generosidade são, muitas vezes, atitudes que surpreendem. Não devemos nos preocupar com isso. Foi assim com Jesus e Ele disse:

"Se alguém quiser vir após mim, renuncie a si mesmo, tome a sua cruz..." (Mc 8,34)

Muitas pessoas ouviram Jesus e não aceitaram sua proposta de vida e, ainda hoje, ela parece distante da nossa realidade.

Conversando sobre algumas questões, vamos procurar entender como dizer ao mundo que aceitamos o nosso compromisso com Jesus.

Olhando para a realidade à nossa volta, o que a proposta de Jesus denuncia?

Somos capazes de deixar de lado tantas exigências, assumir nosso discipulado e anunciar a Boa Nova do Evangelho onde estivermos?

O que você tem a dizer?

Está lembrado do que podemos encontrar ao fazer uma trilha para subir a montanha?

Praticar a nossa fé é como fazer uma trilha! Encontramos incompreensão, discriminação, tentações, pressões, mas, também, sinais claros do amor de Deus que se manifesta nas pessoas, nos gestos solidários, na beleza do mundo. Esses sinais renovam nossa esperança e nos dão força para seguir. Vamos até dizer que não é fácil, mas, com certeza, vale a pena! Quem nos garante isso é o próprio Jesus, que disse: "No mundo tereis aflições. Mas tende coragem! Eu venci o mundo!" (Jo 16,33).

Aceitar a missão que Jesus nos dá e fazer os pequenos gestos e as pequenas obras que Ele nos pede é sinal de responsabilidade diante da realidade humana. É preciso ir ao encontro das pessoas e anunciar "o Reino de Deus está próximo!". É preciso ter coragem para agir diante das situações da vida que impedem o Reino.

Deus procura corações disponíveis.

Leia mais uma vez o texto do Evangelho e pense sobre o que Jesus lhe diz.

O que você aprendeu no grupo de perseverança?

Que missão você se reconhece capaz de assumir?

Senhor, escuta a minha voz!

Em silêncio, converse com Jesus, diga como você se sente diante das dificuldades para viver sua fé. Conclua sua oração pessoal rezando:

Meu Jesus, tu me chamas pelo nome. Em meio a tantas vozes, procuro ouvir a tua voz.

Tu sabes minhas limitações, minhas dúvidas e receios. Conheces, também, meu entusiasmo e minha vontade de que tu sejas conhecido e amado por todos.

Sou muito jovem ainda, por isso, coloco-me diante do teu olhar para que tu me enchas de paz e mostres o caminho que devo seguir, o que devo falar em teu nome e a quem devo ir, para que mais pessoas conheçam o teu amor e possam viver bem.

Olha para mim, Jesus! Vê o bom e o mau que existe em mim e dá-me força, coragem e alegria para assumir a missão que me deste. Amém.

CRISTÃO de Prática

Na maioria das vezes não enxergamos a missão que temos em casa, no trabalho, na escola, na comunidade, com os próximos mais próximos em todos os lugares. Mas sempre existem espíritos maus que devem ser dominados, como desamor, vaidade, ganância ou indiferença, e doenças que devem ser curadas com compreensão, acolhimento, doação e amor.

Seu desafio será realizar, com seu grupo, um trabalho de missão. Lembre-se de que nossa missão não é apenas falar sobre Jesus, mas testemunhar aquele em quem acreditamos. Com a ajuda do catequista, veja o que cada um pode fazer: ser aquele(a) que une e anima a convivência na família, levar otimismo aos amigos, conversar com alguns adultos sobre honestidade no trabalho; vocês podem, também, visitar algumas famílias ou instituições para contar o que conhecem sobre Jesus. O importante é testemunhar com alegria e entusiasmo. Agora é com você! Vá em missão!

ANOTAÇÕES

ANOTAÇÕES

ANOTAÇÕES

ANOTAÇÕES

ANOTAÇÕES

EDITORA VOZES LTDA.
Rua Frei Luís, 100 – Centro – Cep 25689-900 – Petrópolis, RJ
Tel.: (24) 2233-9000 – E-mail: vendas@vozes.com.br